Quand la Parole prend corps

NIHIL OBSTAT :
Paris, le 13 octobre 2009
Père Michel Dupuy

IMPRIMATUR :
Paris, le 13 octobre 2009
Père Maurice Vidal

Les citations bibliques de cet ouvrage ont été traduites par l'association « Parole et Geste ».
Illustrations de François Veyrié.
Conception graphique de Bärbel Müllbacher.

LES ÉDITIONS DE L'ATELIER/LES ÉDITIONS OUVRIÈRES
51-55 rue Hoche, 94200 Ivry-sur-Seine, France
mail : contact@editionsatelier.com
http ://www.editionsatelier.com

LUMEN VITAE
rue Washington 184-186, B-1050 Bruxelles, Belgique
e-mail : editions@lumenvitae.be
http ://www.lumenvitae.be

Dépôts légaux :
Les Éditions de l'Atelier/Les Éditions ouvrières : novembre 2009
Lumen Vitae : D/2009/0026/28

Les Éditions de l'Atelier : ISBN 978-2-7082-4075-9
Lumen Vitae : ISBN 978-2-87324-377-7

Imprimé en France. *Printed in France*

Pierre Davienne
Marie-Dominique de Lalaubie
Préface de Mgr Barbarin

Quand la Parole prend corps

découvrir les récitatifs bibliques

Lumen vitae

LES EDITIONS DE L'ATELIER

Remerciements

Ce livre et le DVD qui l'accompagne sont le fruit du travail de toute une équipe. Merci aux membres de l'association « Parole et Geste » qui y ont travaillé : Marie-Noëlle Bour, Philippe Bres, Geneviève Davienne, Anne Fauquignon, Christine Félix, Laurence Peulmeule, Brigitte Van Dorpe, Marie-Annick Verpilleux.

Nous remercions le père Philippe Mercier et le père François Fraisy, professeurs à l'Institut catholique de Lyon, pour leurs conseils dans le travail de traduction.

Nous remercions le frère François Veyrié pour les illustrations.

Nous remercions Jean Depierre – Dproduction – ainsi que Mathieu Barasz et Florence Pradalier – pour la réalisation du DVD.

Nous remercions le Secours Catholique, l'association Georges Hourdin, une fondation privée et tous ceux qui ont contribué au financement du projet.

Nous remercions la communauté du Sappel de son soutien.

Le père Pierre Scheffer est l'auteur de plusieurs récitatifs présentés dans le livre et le DVD : « Qui est monté aux cieux » ; « Le sel et la lumière » ; « Les deux maisons » ; « Annonce de la Pâque » ; « Les deux fils » ; « Le levain » ; « La brebis et la drachme » ; « Le dernier jour de la fête » ; « Jésus lumière du monde » ; « Le grain de blé » ; « Le commandement nouveau » ; « Voici je me tiens à la porte ».
Nous le remercions d'autoriser leur diffusion.

La mélodie de « L'Emmanuel » est de Anne et Bernard Frinking. Nous les remercions également.

Préface

par le cardinal Philippe Barbarin*

« *Mémoire de son Alliance Sainte.* » Dieu se souvient. Le Seigneur fait mémoire de sa propre Parole, et Zacharie en fait le cœur de son cantique de louange. Dieu se souvient de son Alliance, du serment qu'il a juré à Abraham, et il déploie son œuvre de libération (Luc 1, 72-73).

Si Dieu fait mémoire, n'est-ce pas, pour les croyants, une invitation à faire de même ? Pendant des siècles, la mémorisation a été un élément central de la pédagogie. Les écoliers apprenaient « par cœur » des poésies, du théâtre classique, de grands discours. C'était aussi la base de la transmission de la foi : « savoir ses prières », « savoir son catéchisme »...

Mais, depuis trente ou quarante ans, cette méthode a été l'objet d'un rejet presque universel, on l'a jugée non participative. Certes, on peut « apprendre bêtement », ou pire encore, on peut croire connaître Dieu et le comprendre, parce qu'on sait par cœur son catéchisme !

C'est justement pour cette raison que les Pères conciliaires, à Vatican II, n'ont pas voulu que l'on écrive un nouveau *Catéchisme romain*, pour remplacer celui de 1562, qui avait pourtant besoin d'une refonte. Car les objections faites à la foi catholique par un monde scientifique et technique, ou par l'athéisme contemporain, n'ont plus grand-chose à voir avec celles du temps de la Réforme. Pourtant, vingt ans plus tard, au synode de 1985, une nouvelle génération de Pères a instamment demandé au Pape un catéchisme universel. Les fidèles ont besoin de repères, simples, accessibles à tous, même si le mystère de Dieu reste entier, et au-delà de tout ce que l'intelligence humaine peut concevoir.

L'utilité de la mémoire est celle d'une servante. Elle nourrit la réflexion et la prière. Si Jésus, sur la croix, s'écrie : « *Mon Dieu, mon Dieu, pourquoi m'as-tu abandonné*[1] *?* », c'est parce que, comme tous les enfants juifs, il avait appris les Psaumes par cœur. Quand la mémoire est peuplée de textes de la Parole de Dieu, celle-ci fait son travail intérieur, au plus secret de notre être : « *Vivante en effet est la Parole de Dieu, efficace et plus tranchante qu'aucun glaive à deux tranchants...* » (Épître aux Hébreux 4, 12). Ces paroles traversent les siècles et les

*Archevêque de Lyon.
1. Marc 15, 34 et Psaume 21, 2.

cultures, et elles diffusent, parfois sans que l'on s'en aperçoive, la lumière de la Révélation. Si Dieu est venu se révéler et parler aux hommes comme à ses enfants, les mots qu'Il nous a laissés seront toujours pour nous des trésors.

Avec joie, nous assistons, actuellement, à un véritable travail de restauration de la mémoire, au noble sens du terme. Beaucoup s'accordent à dire les bienfaits du recours à la mémorisation. On s'aperçoit que c'est une bénédiction de connaître par cœur les Béatitudes, le Magnificat, la parabole du semeur, les Psaumes… « Pour que l'homme puisse adresser à Dieu une digne louange, Dieu s'est loué lui-même ; et parce qu'il a bien voulu se louer, l'homme sait quelle louange il doit lui adresser », écrit saint Augustin. Quant aux expressions du catéchisme et aux différentes formulations de la foi, attentivement mises au point par l'Église, elles n'auront jamais la gloire de la Parole de Dieu. Que chacun, averti qu'on n'apprend pas Dieu par des formules, reste aussi petit que ceux qui donnent l'occasion à Jésus de tressaillir de joie devant la Révélation du mystère de son Père (Luc 10, 21). Alors, il considérera ces enseignements comme aussi utiles pour bâtir une réflexion chrétienne que des briques pour construire une maison.

Dans ce renouveau de la mémoire, un autre regard est porté sur le lien entre la Parole de Dieu et notre corps. En ce qui concerne la place du corps, on voit un grand nombre de groupes s'appuyer sur l'immense travail anthropologique et pédagogique, initié par le père Marcel Jousse, sur la Parole et le Geste. D'autres écoles travaillent dans la même direction[2]. Apprendre, ce n'est pas répéter sans comprendre, mais c'est recevoir avec tout son être, intérioriser et enfin pouvoir ré-exprimer ce qui a été reçu. Il est très beau et il est juste de soutenir l'usage de la mémoire, par la mise en œuvre de nos cinq sens.

Mais la Parole de Dieu est-elle assez aimée ? Depuis la Constitution *Dei Verbum*, qu'on appelle « la perle » du concile Vatican II, jusqu'au dernier synode romain d'octobre 2008, l'Église ne cesse de rappeler qu'elle est notre trésor et de proposer aux fidèles des moyens pour se nourrir de la Parole de Dieu. De fait, il en a été ainsi depuis le premier jour ; il suffit de lire saint Irénée, Origène ou saint Augustin, pour voir comment leur enseignement jaillit sans cesse de la Parole de Dieu dont ils ont une connaissance et une maîtrise impressionnantes.

Peut-on demander que, tout simplement, la Bible soit ouverte dans nos maisons, sur une petite table qui lui soit réservée ? Un évêque d'Amérique latine expliquait au synode qu'il avait instauré dans son

2. Voir annexe 2, p. 143.

diocèse une heure commune de lecture de la Parole de Dieu, chaque semaine, le vendredi soir, pour méditer en famille ou en communauté l'évangile de la messe du dimanche suivant.

C'est pour cela que le chemin parcouru dans ce livre est très beau. Il répond au souhait de proposer largement dans l'Église une manière de faire qui, sans être un spectacle, soit un outil large, pour une appropriation de la Parole. Mélodies et gestes aident à intérioriser la Parole et, grâce à la mémoire profonde qui agit presque inconsciemment en nous, à faire des liens entre des passages, leur donnant une puissance d'évocation spirituelle et théologique inattendue.

Que la source coule abondamment dans le grand jardin de l'Église, et le Seigneur fera grandir dans le cœur des chrétiens le goût de sa Parole, qui les tiendra en éveil, vivants et ardents jusqu'au « jour béni de sa venue et de notre joie » !

Avant-propos

Comment découvrir les récitatifs bibliques ?

Nous invitons le lecteur à commencer cette découverte en regardant le reportage du DVD (15 minutes). Les différents chapitres du livre permettent ensuite de reprendre, de manière plus systématique et approfondie, ce que sont les récitatifs, leur pertinence, leurs différentes utilisations, ainsi que les fondements bibliques et anthropologiques de la mémorisation de la Parole de Dieu.

Trente-cinq récitatifs sont également présentés dans le livre et le DVD. Là aussi, pour le lecteur qui souhaite découvrir et apprendre un de ces récitatifs, nous invitons à utiliser en premier lieu la vidéo. Il pourra ensuite retrouver, dans le troisième chapitre du livre, une présentation du récitatif, avec le texte, un rappel des premières notes de la mélodie, un tableau récapitulatif des gestes, quelques éléments de commentaire et des suggestions d'utilisation.

À la fin du livre, des index proposent un choix de récitatifs en fonction de thèmes ou en fonction des dimanches et fêtes des trois années liturgiques.

Ce livre et ce DVD sont en lien avec le site de « Parole et Geste » (www.parole-et-geste.org). Le lecteur pourra y trouver toute l'actualité de l'association (contacts de groupes locaux, propositions de sessions de formation...) et une sélection d'autres récitatifs qui seront progressivement mis en ligne.

Bonne découverte !

Les auteurs

Introduction

« Heureux ceux qui écoutent la Parole et qui la gardent. »
Luc 11, 28

Dans les années 1980, au cours d'une retraite spirituelle avec des adultes du Quart-Monde, nous chantons et gestuons la parabole de la brebis perdue qui commence ainsi : « *Quand un homme parmi vous possède cent brebis et perd l'une d'elle que fait-il ?* » (Luc 15, 3-7). Nous méditons cette parabole et puis nous nous retrouvons en groupe de partage. Une femme, imposante, ne parle pas. À plusieurs reprises nous lui donnons la parole, mais sans succès. Pourtant, elle est extrêmement présente et suit tout ce qui se dit. À la fin du partage, nous osons à peine lui proposer de s'exprimer, de peur de la mettre en échec. Mais elle se met à parler : « *Dieu, il est affolé !* » Devant la formulation qui jaillit comme une fulgurance, comme un cri, nous lui faisons répéter. Elle reprend : « Dieu, il est affolé quand un homme se perd, comme une maman quand elle perd un enfant. » Elle ajoute : « Moi, j'ai perdu un enfant qui avait 9 ans et un autre qui avait 8 ans... » Puis elle se met à décrire les circonstances de la mort de ses deux enfants, morts de misère dans ses bras.

Le « *que fait-il ?* » du texte, et le geste d'impuissance, d'interrogation qui l'accompagne dans le récitatif ont fait surgir du cœur, du corps de cette maman, la mémoire du terrible drame qu'elle avait vécu. La Parole de Dieu la touchait tout entière au point qu'au début de la rencontre, elle ne pouvait parler, submergée par la souffrance qui se réveillait en elle. Écoutant les autres, sentant un climat de confiance, elle a pu parler d'elle-même mais aussi de l'homme de la parabole et donc aussi de Dieu. À travers ce qu'elle avait vécu et s'était remémoré, c'est toute son intelligence qui se déployait pour dire Dieu, pour commenter la Parole. Elle nous apprenait ce jour-là que nous avions un « Dieu affolé ». Le cœur de la réflexion de Marcel Jousse [1], prêtre et anthropologue, se révélait : l'être humain est avant tout un « être mimeur ». Il apprend avec l'ensemble de sa personne, par son corps, son psychisme, son âme. Il revit et restitue au monde ce qu'il a perçu. Si des personnes très démunies peuvent recevoir la Parole

1. Marcel Jousse est le fondateur d'un courant anthropologique et pédagogique. Les récitatifs bibliques s'inscrivent dans le sillon de sa recherche. Voir encadré, p. 19-20.

de Dieu, la comprendre, se comprendre et par là, lui donner du sens, alors cette manière de faire est sûrement féconde pour les croyants de tous milieux. Il y a de multiples manières d'aborder la Parole de Dieu, et chacune a sa valeur, mais il nous semble que ce chemin peut toucher toute la personne et toutes les personnes, quels que soient leur âge, leur condition sociale, leur culture, leur chemin de foi. C'est donc un trésor qu'il nous faut largement partager en Église ; c'est une lampe que nous ne pouvons laisser sous le boisseau. C'est une des convictions qui nous a poussés, au sein de l'association « Parole et Geste », à créer un outil de diffusion des récitatifs bibliques.

Mais il en est une autre.

Jésus n'a rien écrit. Lui, la Parole faite chair, a pensé que des corps, des cœurs et des intelligences humaines pouvaient recevoir, garder et transmettre une Parole divine, une Parole éternelle.

Jésus n'a rien écrit. À part de son doigt sur le sol, lorsqu'une foule voulait lapider une pécheresse (Jean 8, 1-11). Mais nous savons qu'il savait lire l'hébreu par sa proclamation du prophète Isaïe dans la synagogue de Nazareth (Luc 4, 18).

Jésus n'a rien écrit. Seul un écriteau sur la croix le désigne : « *Jésus de Nazareth, roi des juifs* » (Luc 23, 38). À part cela, rien : pas de compte rendu, de livre, de notes de discours de sa main ; mais une voix qui faisait accourir les foules, des oreilles attentives, des pauvres qui se répétaient les paroles et qui disaient comme les soldats : « *Jamais homme n'a parlé comme cet homme* » (Jean 7, 46).

S'il savait lire, Jésus devait sûrement savoir écrire. Or, il a choisi de confier son enseignement à des hommes et des femmes habitués à retenir oralement une parole. Étonnant pour nous aujourd'hui, cela était tout à fait dans la logique de la culture juive du Ier siècle. Jésus a été un maître, à la fine pointe de la pédagogie. Il a choisi la manière la plus performante, à son époque, pour annoncer le Royaume, pour nous montrer le Père. Et si cette manière était encore pertinente pour nous ?

Apprendre des récitatifs bibliques aujourd'hui, c'est recevoir la Bonne Nouvelle dans le dynamisme de sa proclamation. C'est accueillir la Parole de Dieu par le rythme, le chant et le geste et accepter qu'elle nous touche dans tout notre être.

La Parole de Dieu, le verbe éternel, s'est incarnée, a pris chair une fois pour toutes par Marie. Aujourd'hui, lorsque nous gestuons, lorsque nous prêtons notre corps, notre cœur et notre intelligence à l'accueil de cette Parole, nous entrons dans une compréhension plus globale et plus incarnée de cette Parole. Elle prend vraiment consistance pour nous et nous façonne.

D'une manière ou d'une autre, l'Église a toujours favorisé la participation du corps dans la vie de foi et dans la réception de la Parole de Dieu :

– La liturgie invite les chrétiens à entrer dans le mystère de Dieu par des actes où les sens et la matière ont toute leur place : l'eau du baptême, l'onction d'huile, le pain et le vin de l'eucharistie, la lumière des cierges, la senteur de l'encens...

– Dans les sacrements, Dieu se rend présent et agit à travers un geste humain qu'une parole accompagne. Au baptême, le geste du prêtre qui verse l'eau sur la tête du baptisé est associé à une parole qui lui donne sens : « Je te baptise... ».

– La catéchèse propose de faire l'expérience de la rencontre du Christ vivant dans sa Parole :

> « La Parole de Dieu retentit dans les Écritures. Mais c'est une Personne qui s'adresse aux hommes avant d'être un texte à étudier. C'est le lieu d'une interaction. Il faut conduire au texte biblique en favorisant tout ce qui peut rendre possible le travail de l'Esprit Saint au cœur de chacun : une démarche soigneusement organisée, des apports de l'exégèse qui font entrer dans l'intelligence des Écritures et relancent la marche, mais surtout de la vigilance et de l'écoute à l'égard de ce qui se passe dans les personnes lorsqu'elles rencontrent la Parole de Dieu, car "c'est l'Esprit Saint qui donne aux lecteurs et aux auditeurs, selon les dispositions de leur cœur, l'intelligence de la Parole de Dieu" [2]. »

Le but des récitatifs est d'ouvrir un chemin vers la rencontre du Christ. Il y a mille chemins pour le rencontrer. Celui que nous proposons dans cet ouvrage fait partie de ces sentiers qui ont toujours été empruntés par les chercheurs de Dieu.

2. Conférence des évêques de France, *Texte national pour l'orientation de la catéchèse en France*, novembre 2006, p. 50.

Chapitre 1

Les récitatifs bibliques, une autre approche de la Parole de Dieu

Un récitatif biblique est un passage de la Bible. Il est transmis oralement pour être mémorisé à travers le rythme, le chant et les gestes. Parfois très court, composé d'un seul verset, un récitatif peut aussi couvrir un passage de la Bible beaucoup plus long, comme par exemple l'ensemble du premier récit de la Création (Genèse 1, 1 - 2, 4). Une traduction proche du texte originel, un balancement de tout le corps, une mélodie sobre et quelques gestes fluides vont aider à inscrire la parole biblique dans la mémoire.

Mais pourquoi apprendre par cœur des passages de la Bible ? Le but de la mémorisation est de permettre à chaque personne d'intérioriser la Parole de Dieu avec son corps, son cœur et son intelligence. Cette Parole est reçue globalement, d'une manière rythmée, mélodiée et gestuée. Elle s'adresse ainsi à l'ensemble de la personne, dans son être corporel, sa psychologie, son affectivité, son histoire. Il ne s'agit pas d'une « expression » ou d'un mime, mais bien d'une « impression » en soi de la Parole de Dieu. Cette approche particulière de la Parole de Dieu s'appuie sur les travaux du père Marcel Jousse.

Marcel Jousse

Marcel Jousse est né en 1886, à Beaumont-sur-Sarthe, dans un milieu très modeste. Sa mère, qui ne savait pas lire, lui récitait, en le berçant, des traditions orales et des passages de la Bible ; cette expérience va le marquer. Ordonné prêtre en 1912, il entre chez les Jésuites en 1913. Envoyé comme instructeur par l'armée aux États-Unis, il séjourne parmi les Indiens dont il étudie la communication gestuelle. De retour à Paris, il poursuit ses études en anthropologie et travaille sur le geste et la parole. En 1924, il publie une thèse sur le style oral. De 1932 à 1956, il enseigne à l'École d'anthropologie, puis à l'École pratique des Hautes études, à la Sorbonne, et dirige le laboratoire de rythmo-pédagogie de Paris. Pour avancer dans sa compréhension de l'être humain et la façon dont celui-ci reçoit le monde, l'intériorise et le réexprime,

il croise de nombreuses disciplines durant toutes ses années de recherches. Aujourd'hui encore, ses travaux concernent toute une partie des sciences humaines : psychologie, pédagogie, sciences cognitives... Ce n'est qu'après sa mort, en 1961, que ses travaux seront publiés par sa collaboratrice Gabrielle Baron.

Parmi les différentes traditions orales étudiées par Marcel Jousse, celle concernant la Parole de Dieu a une place particulière. Il en a tiré, dès les années 1930, des applications pratiques en créant des récitatifs bibliques. À la suite de ses travaux, nous avons, au sein de « Parole et Geste », traduit, mis en rythme et en musique des passages de la Bible.

Le récitatif, un texte traduit

Les personnes qui découvrent les récitatifs nous demandent souvent : « Quelle traduction utilisez-vous ? La traduction liturgique, la Bible de Jérusalem, la TOB (Traduction œcuménique de la Bible) ou une autre traduction ? » En fait, chaque traduction a son génie et aussi son orientation propre.

À l'origine, la Bible a été écrite en hébreu pour la majorité des livres qui composent la Première Alliance – ou Ancien Testament – et en grec pour les livres de la Nouvelle Alliance – ou Nouveau Testament. La Bible a ensuite été traduite en de multiples langues et les traductions françaises sont nombreuses.

Au sein de l'association « Parole et Geste », lorsque nous créons un récitatif, nous revenons au texte hébreu ou grec pour le traduire. Pourquoi ? Parce qu'aucune des traductions classiques proposées en langue française n'est faite pour faciliter l'apprentissage par cœur et ne prend en compte l'ensemble des éléments oraux du texte biblique. En effet, la plupart de ces textes bibliques, transmis oralement avant d'être mis par écrit, recèlent en eux-mêmes des éléments qui facilitent la mémorisation. Dans une traduction en vue d'un apprentissage oral, ces éléments, à savoir les répétitions et le jeu des « formules », sont valorisés.

La répétition au service de la mémoire

En règle générale, le style écrit répugne à utiliser la répétition qui alourdit la langue et affecte la lecture. Il lui faut donc un langage poétique, varié. Dans nos traductions, au contraire, nous conservons les répétitions présentes dans le texte grec ou hébreu. De la même façon, nous maintenons en français les tournures sémitiques qui font apparaître les mots construits sur la même racine.

Par exemple, dans la parabole du semeur, Jésus commence ainsi : « *Il est sorti le semeur pour semer sa semence…* » (Luc 8, 5). Ces répétitions, que les traductions habituelles n'ont pas toujours conservées, sont d'une grande aide pour la mémoire. Elles font également surgir le sens du texte et l'insistance de Jésus sur l'action du semeur.

Notre travail de traduction s'efforce également de respecter le texte, d'en être au plus près, d'essayer de traduire les mêmes mots en hébreu ou en grec par des expressions identiques en français, chaque fois que cela est possible. Ainsi, dans l'évangile de Luc, Jésus répond à un homme qui veut le suivre : « *Le Fils de l'homme n'a pas où reposer la tête* » (Luc 9, 58). Cette expression, « *reposer la tête* », ne se retrouve qu'une seule fois dans tout l'Évangile, lorsque Jésus meurt en croix : « *et reposant la tête, il rendit l'esprit* » (Jean 19, 30). La plupart des Bibles traduisent : « *et inclinant la tête, il rendit l'esprit* ». Là encore, la traduction littérale (au plus près du texte) révèle le sens : nous apprenons ainsi que Jésus n'a pas d'endroit où reposer la tête dans son parcours humain sauf sur la croix ! Traduire le verbe grec par des verbes différents en français prive de cette découverte.

Traduire au plus près oblige aussi à s'affronter aux difficultés du texte. Décider de simplifier, c'est prendre le risque d'être réducteur. C'est priver le lecteur-auditeur de la recherche et de la découverte d'un sens par lui-même. Dans la parabole du paysan patient (Marc 4, 26), Jésus parle de la semence qui pousse toute seule ; Marc utilise le verbe *paradidomi* au verset 29. Les traductions classiques traduisent par :

– « *Et dès que le blé est mûr* » (TOB) ;

– « *Et dès que le grain est mûr* » (Bible en français courant et Bible Segon) ;

– « *Et quand le fruit s'y prête* » (Bible de Jérusalem et Bible d'Osty).

Les traducteurs ont décidé de rester dans le « champ » agricole, si l'on peut dire. Or, nous avons choisi de suivre le mot à mot, même si l'expression est curieuse. Nous obtenons ainsi : « *Et lorsque le fruit se livre* ». Le mot *karpos* se traduit par « le fruit » et le verbe *paradidomi* par « livrer », « transmettre ». Nous découvrons alors avec surprise que ce même verbe est utilisé de très nombreuses fois dans la Nouvelle Alliance pour désigner le don que Jésus fait de lui-même ou qu'il fait de l'Esprit Saint. Rester au plus près du texte nous a obligés à poser un geste en conséquence, celui de donner. Un garçon de sept ans, gestuant un jour ce passage, dit : « *Le fruit, c'est Jésus ! Comme quand on reçoit la communion à la messe !* » Le geste a permis à cet enfant de réaliser que cette parabole pouvait aussi parler de Jésus qui se donne lui-même.

La formule, un élément de la phrase

Traduire la Bible en fonction des structures de l'oralité, c'est, en second lieu, mettre en valeur le jeu infini des « formules ». Composée d'un groupe de mots, la formule est la structure de base de l'oralité. Elle est comme l'atome dans l'univers. C'est autour d'elle que se structure le texte et donc l'apprentissage oral. La formule repose sur la capacité humaine à respirer et à réciter. Elle est donc bâtie sur le souffle humain en même temps que sur une unité de sens.

La parabole du grain de blé dans l'évangile de Jean [1] est en cela un chef-d'œuvre de pédagogie : « *Le grain de blé tombé dans la terre – s'il ne meurt pas – reste lui tout seul – mais s'il meurt – porte beaucoup de fruits* » (Jean 12, 24). En cinq formules rythmées, Jésus fait entrevoir à ses disciples l'enjeu de sa mort : le grain de blé tombé dans la terre ouvre à deux possibilités - mourir ou non - qui entraînent deux conséquences - rester seul ou porter beaucoup de fruit. Les traductions classiques, évoquées précédemment, sont justes mais ne font pas ressortir l'efficacité en même temps que la beauté de ces cinq formules [2].

Ces dernières peuvent être ainsi typographiées pour mettre en valeur le rythme et le balancement du verset :

« *Le grain de blé tombé dans la terre*
s'il ne meurt pas   *reste lui tout seul*
mais s'il meurt   *porte beaucoup de fruits* »

Ces formules de rythme et de sens traversent toute la Bible et aident à la mémorisation du texte.

Les formules se font refrain

Les formules rythment un ensemble comme le récit de la Création : « *Et il y eut un soir et il y eut un matin...* » et aussi « *Dieu vit : que c'est bon.* » (Genèse 1) ou bien encore : « *Ne vous inquiétez donc pas...* » qui revient cinq fois dans l'enseignement sur la montagne (Matthieu 6). Ces refrains peuvent se retrouver dans des textes courts mais aussi dans des compositions beaucoup plus larges. Ainsi, dans l'évangile de Luc, toute la montée de Jésus vers Jérusalem (chapitres 9 à 19) est rythmée par des refrains qui nous rappellent la détermination de Jésus à accomplir sa mission.

1. Voir dans ce livre le récitatif « Le grain de blé... », p 110.
2. Marcel Jousse appelle ces formules des « gestes propositionnels » (voir chapitre 5, p. 133).

Les formules se font introduction ou conclusion

Dans la Première Alliance, mais aussi dans la Nouvelle, les passages qui constituent un ensemble sont introduits par des formules comme celles-ci : « *Et il advint en ces jours-là...* ». Ou encore, au début de l'évangile de Jean, le récit est ponctué par une notion de temps : « *Le lendemain...* » (versets 29, 35 et 43) pour finir par une autre formule : « *Le troisième jour* » (Jean 2, 1). Ces formules donnent des repères temporels qui aident à la mémorisation et ouvrent aussi au sens théologique des textes.

Les formules soulignent les oppositions du texte

De nombreux passages de la Bible sont construits sur des structures parallèles. Celles-ci mettent en relief des similitudes et des oppositions significatives.

Un des plus beaux exemples de mise en valeur de ces oppositions est la parabole de la maison bâtie sur la pierre [3] (Matthieu 7, 24). Les termes de la première partie du texte sont en opposition avec ceux de la seconde. Pourtant, tout ne se correspond pas complètement : dans la première partie la cause est donnée alors que, dans la deuxième, c'est la conséquence qui est indiquée (l'absence de parallèle est signifiée par les parties grisées) :

fait la parole	*ne fait pas la Parole*
sage	*sot*
bâtie sur la pierre	*bâtie sur le sable*
elle n'est pas tombée	*elle est tombée*
car elle était fondée sur la pierre	
	et l'écroulement fut immense

La composition orale de cette parabole est à la fois rigoureuse et souple. Elle laisse des espaces où l'auditeur peut chercher du sens. Pourquoi Jésus ne parle-t-il pas de ce qui arrive à la maison bâtie sur la pierre ? Pourquoi n'indique-t-il pas la cause de l'effondrement de celle bâtie sur le sable ?

3. Voir dans ce livre le récitatif « Les deux maisons », p. 68.

Le récitatif, un texte rythmé

Le rythme est inscrit à tous les niveaux de la vie de l'univers, y compris dans le corps de l'homme. Les récitatifs s'appuient sur ce rythme particulier qu'est la respiration. Le souffle porte le son et par conséquence la parole. La capacité respiratoire va donc marquer la parole et la rythmer, c'est-à-dire affecter son découpage en formules dont la longueur est adaptée autant à l'élocution qu'à la réception de la parole. Si un orateur veut que sa parole soit reçue de façon fructueuse, il veille à son propre débit, il ménage des silences, des pauses. Ce faisant, il respecte la liberté de son auditeur d'accueillir ou non sa parole.

Même Jésus, Parole de Dieu, est rempli de souffle, de Souffle Saint ou d'Esprit Saint (*ruah*, en hébreu, signifie à la fois « souffle » et « esprit ») pour pouvoir parler aux humains et à son Père : « *En cette heure-là, Jésus exulta dans le Souffle Saint et il dit : "Je te bénis Père, Seigneur du ciel et de la terre..."* » (Luc 1, 21).

Plusieurs images, que l'on retrouve dans la Bible, peuvent aider à comprendre la nécessité du rythme pour recevoir la Parole et la mémoriser :

– L'eau : pour porter une grande quantité d'eau, l'être humain a imaginé la séparer en deux et la porter en utilisant deux seaux et un bâton. Ainsi en est-il de la Parole, souvent comparée à de l'eau dans la Bible. Un long enseignement peut être porté et reçu s'il est bien rythmé.

– Le pain : la Parole est aussi comparée à la nourriture, au pain ; découpée en bouchées elle est ainsi assimilable.

– La marche : l'image de la marche, avec son rythme, est souvent utilisée dans la Bible. Il est en effet recommandé au peuple hébreu de « *marcher dans les voies du Seigneur* » (Deutéronome 10, 12) ; c'est-à-dire de réciter et de garder sa Parole. Un chrétien du diocèse de Pala au Tchad en faisait l'expérience concrète et parlait ainsi : « *L'évangile "Au temps du roi Hérode..."* (titre qu'il donnait à Matthieu 1 et 2) *est long de tel endroit à tel endroit* », précisant son point de départ et l'endroit où il était arrivé à la fin de la récitation de ce passage. C'est la distance d'un chemin, le nombre de pas, qui dit la longueur d'un récitatif. Le rythme de la marche soutient le rythme du texte et ravive la mémoire.

Dans le désert, il y a ce que l'on appelle « le chemin du puits », c'est-à-dire la marque au sol du trajet que fait l'âne ou le chameau pour tirer l'outre remplie d'eau hors du puits. Par la distance sur le sol, on peut connaître la profondeur du puits. Combien de pas pour descendre au fond du puits ? Combien de pas pour descendre dans la profondeur de la Parole de Dieu ?

Au sein de l'association « Parole et Geste », dans nos récitatifs, nous pratiquons un balancement qui s'apparente à celui de la marche. Le corps est souple ainsi que les genoux. La pointe des pieds reste au sol pour garder la stabilité. Les temps forts sont marqués par des coups de talons. Ce balancement décrit, à l'intérieur de soi, comme un 8, comme le geste réduit de celui qui enfonce des piquets en terre avec une masse : il y a un temps où le corps se ramasse, rassemble son énergie et un temps où il libère cette même énergie. Ce balancement n'a rien de rigide ou de mécanique. Il reprend le mouvement des vagues de la mer, des arbres ou des voiles soulevées par le vent, le souffle, l'Esprit...

Le récitatif, un texte mélodié

Toute parole est mélodiée. Il y a les accents du rythme mais aussi les intonations de la voix et celles-ci disent tout. Lorsqu'une personne dit à une autre, sur un ton exaspéré : « Eh bien, merci ! », tout le monde comprend très bien qu'il ne s'agit absolument pas d'un « merci » mais d'un reproche. Et l'expression : « Je vous en prie ! » peut parfaitement exprimer une marque de politesse, un cri de supplication ou bien encore une ironie non dissimulée. Dans l'évangile, lorsque Marie, à Cana, fait remarquer à Jésus : « *Ils n'ont pas de vin !* » (Jean 2, 3) Jésus répond par une expression dont le mot à mot grec, traduisant une expression araméenne, donne : « *Quoi à moi et à toi ?* » Cette expression se retrouve six fois dans les évangiles, dans la bouche de possédés qui s'adressent à Jésus [4]. Cela a permis à certains commentateurs de penser que Jésus rabrouait sa mère. Un étudiant syrien, parlant l'araméen, fut choqué de cette interprétation et nous déclara : « Dans notre langue, cette expression est utilisée couramment pour dire la tendresse et la proximité entre deux personnes. Cela dépend du ton ! » Toute parole est portée par un ton, une tonalité, une musique. Les mots peuvent mentir, mais la voix humaine en dit long sur la personne.

Dans les récitatifs, la mélodie accompagne le sens du texte : elle souligne les structures et les répétitions. Elle fait des rapprochements entre les différentes formules bibliques et, en ce sens, elle est déjà interprétation. Dans l'évangile de Luc, l'épisode des tentations se termine par cette phrase : « *Et ayant achevé toute tentation, le diable se tint loin de lui jusqu'au moment* » (Luc 4, 13). Les commentaires

4. Voir Matthieu 8, 29 ; Marc 1, 24 et 5, 7 ; Luc 4, 34 et 8, 28.

interprètent ce « moment » comme renvoyant à la prière de Jésus au mont des Oliviers. En les examinant plus précisément, les trois tentations, relatées par Luc, peuvent être comprises comme des tentations d'agir de manière magique :

– dans le domaine social (changer les pierres en pains) ;

– dans le domaine politique (détenir le pouvoir sur toutes les nations) ;

– dans le domaine religieux (se lancer du haut du Temple).

Or, ces trois domaines se retrouvent au moment de la Croix, mais dans l'ordre inverse :

– dans le domaine religieux, les prêtres insultent, tentent Jésus : « *s'il est le messie, qu'il se sauve lui-même* » (Luc 23, 35) ;

– dans le domaine politique, les soldats ironisent : « *Si tu es le roi des juifs, sauve-toi toi-même* » (Luc 23, 37) ;

– dans le domaine social, le compagnon d'infortune de Jésus, crucifié à ses côtés déclare : « *Sauve-toi toi-même, et nous avec* » (Luc 23, 39).

C'est pour cette raison que nous avons choisi de traiter musicalement les trois tentations et les trois injures-tentations de façon identique dans le récitatif : pour opérer un rappel dans la mémoire.

La musique que nous mettons en œuvre au sein de « Parole et Geste » est dans la ligne des compositions musicales de Pierre Scheffer, jésuite, musicien, grand connaisseur du chant grégorien et du chant choral. C'est à son école que nous nous sommes formés pour ensuite composer un certain style de récitatifs. Pour Pierre Scheffer, les récitatifs doivent pouvoir s'appuyer à la fois sur une musique modale comme le chant grégorien, ayant une dimension universelle, et sur la musique folklorique de chaque peuple et pays [5]. Il s'agit donc de composer une musique qui tienne la mémoire en éveil, qui ne soit ni trop technique ni trop répétitive car elle ne serait pas fidèle au dynamisme du texte. Nos musiques se situent entre le chant choral et les airs des psaumes, évitant les ritournelles et les « opus » trop sophistiqués [6].

Il est à noter que certains récitatifs peuvent être transmis sans musique ; ils sont simplement récités sur un rythme et, ainsi, reçus et repris de manière plus immédiate par l'assemblée.

5. L'expérience de Keur Moussa, abbaye bénédictine située au Sénégal, en est une illustration dans le domaine liturgique par le croisement du chant grégorien et des musiques traditionnelles africaines.

6. À la suite de Marcel Jousse, d'autres écoles ont engagé leurs propres recherches musicales et cette diversité de propositions est une richesse au service de la Parole.

Le récitatif, un texte gestué

Comme toute parole humaine authentique, la Parole de Dieu est porteuse de sens et de vie. Elle est active. Elle crée et sauve. Elle est geste. C'est à travers le récit que Dieu se présente comme Père. Parce qu'Il pose des gestes créateurs et sauveurs, le Dieu de la Bible se fait connaître, se rend présent dans l'histoire humaine. À travers les gestes, nous pouvons recevoir cette Parole dans tout notre corps, et entrer dans son sens profond.

C'est ce qu'exprime très bien Paola du Sappel Quart-Monde[7] de Lyon :

> « En même temps qu'on dit la vie de Jésus, le fait de gestuer, ça rend Jésus encore plus présent ; ça rend vivante la Parole de Dieu. C'est comme si je m'incarnais dedans, comme si je mettais mon empreinte et que Dieu mettait son empreinte. Il y a toujours une présence. »

D'une certaine manière, les gestes permettent à la Parole de s'incarner dans les corps.

C'est pour cela qu'ils sont indispensables au moins durant l'apprentissage. Par la suite, il arrive que des récitatifs « montent » en nous dans des situations où il est impossible de gestuer, au volant d'une voiture, en faisant la vaisselle... Même dans ces cas-là, en récitant, ce sont des gestes qui reviennent en mémoire et non des idées.

Les gestes posés doivent être rigoureux et souples à la fois, composant un ensemble fluide et dynamique. Il ne s'agit pas d'une succession de gestes mais d'un mouvement global qui se déploie et entraîne le texte. La gestuelle n'exprime pas une succession de mots, mais elle porte la dynamique du texte. Elle aide à l'intériorisation de la Parole : permettre à la Parole de descendre jusqu'au cœur de l'être. Elle sert également la compréhension du sens profond du texte.

Dans la guérison du sourd à la parole difficile, l'évangéliste dit : « *Jésus poussa un soupir et dit* "Ephata", *c'est-à-dire "Ouvre-toi !"* » (Marc 7, 31). Quelle est la nature de ce « soupir » ? Est-ce de l'impatience ? De la lassitude ? Comment le gestuer ? Ce n'est pas notre sentiment qui doit intervenir, mais ce que dit le texte. Le même verbe est utilisé par Marc dans l'Épître aux Romains : « *La création tout entière pousse un soupir maintenant encore dans les douleurs de l'enfantement* » (Romains 8, 22).

7. La communauté du Sappel puise ses racines dans ATD-Quart monde. Elle a été créée à Lyon en 1989 pour faire entendre la voix des pauvres au sein de l'Église.

Le contexte chez Paul est un contexte de création, d'enfantement. C'est également le cas dans l'évangile de Marc où, après la guérison, les païens diront « *Que c'est beau tout ce qu'il fait* » en parlant de Jésus. Or le « *Que c'est beau !* » est le refrain utilisé dans le livre de la Genèse lorsque Dieu contemple son œuvre. Jésus refait les gestes du Père créateur. Ainsi, grâce à ce détour par l'Épître aux Romains, nous choisissons de poser le geste de l'enfantement. Nous voyons ainsi que le geste vient approfondir la Parole.

Il est à noter qu'il existe deux sortes de gestes :

- Certains gestes théologiques sont codifiés. Ils sont porteurs d'un sens précis sans être pour autant compréhensibles immédiatement. Ils nécessitent une explication [8]. Par exemple, dans le geste DISCIPLE, la main gauche est posée sur l'oreille et la main droite descend du ciel : le disciple est celui qui écoute la Parole de Dieu. Ensuite, la main droite passe devant la bouche et se pose sur le cœur : le disciple ne se contente pas d'écouter, il récite la Parole, la repasse sur ses lèvres pour qu'elle descende au plus profond de lui-même.
- Certains gestes, en revanche, sont plus culturels et peuvent tout à fait changer en fonction du contexte. À Dakar, par exemple, on ne balaie pas avec un balai à long manche. Lorsque des femmes gestuent la parabole de la drachme perdue, spontanément, elles se penchent, le dos courbé, pour balayer au plus près du sol, comme elles ont l'habitude de le faire dans leur vie quotidienne.

Faire revivre en soi la Parole

« Il faut lire et relire l'Écriture, afin qu'elle pénètre l'esprit et le corps du croyant. Les anciens Pères visaient à une assiduité telle qu'ils apprenaient de mémoire les textes de l'Écriture, non seulement parce que leur culture était orale, mais, parce que dans la mémorisation, comme pour nous dans la lecture continue, il est possible de se remémorer, de faire revivre en soi la Parole. »

Enzo Bianchi, *Prier la Parole, une introduction à la* Lectio Divina,
Vie monastique, n° 15, Godewaersvelde,
Abbaye de Bellefontaine, 1991, p. 57.

8. Voir la séquence de gestes dans le DVD.

Les récitatifs bibliques sont au service d'une réception de la Parole de Dieu par l'être dans sa globalité. Il s'agit de retenir des passages de l'Écriture, en ne faisant pas seulement appel à la mémoire cérébrale mais en accordant confiance à son corps tout entier. C'est accepter un certain lâcher-prise, à l'encontre de nos habitudes culturelles qui passent par l'écrit et l'intellect. Mémoriser la Parole, c'est la garder en soi, comme un trésor. C'est faire l'expérience d'une Parole vivante, agissante.

Chapitre 2

La pratique des récitatifs bibliques

Les récitatifs bibliques peuvent être proposés à des publics très variés et dans des circonstances très diverses : des enfants mais aussi des adultes, des personnes familières de la Bible ou d'une pratique chrétienne, comme des personnes en recherche. Les récitatifs peuvent être pratiqués pour faciliter la découverte d'un passage biblique, mais aussi dans un temps de prière ou de célébration ou encore dans un cadre catéchétique. Ils sont proposés à des groupes restreints comme à une assemblée plus large. D'une grande souplesse, ils sont susceptibles d'enrichir des propositions spirituelles ou catéchétiques. Deux exigences sont toutefois à préciser : la personne qui se propose d'apprendre un récitatif à d'autres, personne dénommée « transmetteur », doit elle-même bien connaître le récitatif ; elle doit l'avoir intériorisé. De plus, dans une démarche, quelle qu'elle soit, on distinguera le temps de l'apprentissage du récitatif, du temps de l'échange ou de celui de la prière : on ne peut pas prier avec un récitatif si on ne le connaît pas !

Une transmission de personne à personne

L'apprentissage des récitatifs est une transmission de personne à personne.

Il est important de le rappeler : l'ouvrage et le DVD qui l'accompagne ne sont que des « aide-mémoire ». Ce sont des outils pour raviver la mémoire de récitatifs déjà appris. Ils peuvent aussi susciter le désir d'apprendre et de rejoindre un groupe de mémorisation.

Il y a donc au départ quelqu'un qui connaît les récitatifs et qui les transmet. Cela peut paraître évident mais c'est fondamental. Sous le texte écrit, il y a une Parole et donc quelqu'un qui émet cette Parole. Le transmetteur n'est pas neutre. Il se donne aussi dans la Parole qu'il transmet. L'expérience montre que lorsque le transmetteur hésite, il communique son hésitation à ceux qui sont autour de lui et ceux-ci la retiennent. De même, lorsqu'il est habité par la Parole, il témoigne de la joie qu'elle procure et de la vie qu'elle donne. Le transmetteur n'est pas propriétaire de la Parole, il en est le serviteur.

Dans la foi chrétienne, la notion de témoignage est capitale. La Parole de Dieu est transmise à travers les gestes et les paroles d'un être humain qui rend compte de la Parole d'un autre, du tout Autre. Il n'y a pas de Parole absolue en tant que telle, il y a une Parole de Dieu qui retentit dans l'humanité, dans le corps et le cœur des croyants.

Une transmission dans une communauté

Cette Parole de Dieu est transmise par la communauté des croyants. C'est elle qui donne la Parole. Autrement dit, lorsque nous récitons la Parole de Dieu, nous faisons l'expérience de l'Église, qui reçoit la Parole de Dieu, qui la transmet et la commente.

Dans les groupes de mémorisation, en cours d'apprentissage ou à la fin, un temps est toujours laissé pour échanger, pour questionner le texte et chercher ensemble ce qu'il porte. Le point de départ est souvent le geste qui interroge sur le sens des mots. Il y a un va-et-vient entre la signification du texte dans la Bible et le sens qu'il peut prendre aujourd'hui dans la vie des croyants. C'est à ce moment-là aussi que surgit la mémoire d'autres passages de la Bible qui viennent éclairer, élargir des aspects du récitatif appris. C'est ce que l'exégèse rabbinique [1] appelle « faire son collier », c'est-à-dire rapprocher des « perles » de la Parole de Dieu pour les faire « jouer » entre elles et approfondir leurs significations.

Il arrive souvent, au sein d'un groupe, de faire des découvertes importantes sur tel ou tel récitatif récité pourtant depuis de nombreuses années grâce à la manière dont une personne le reçoit. Cela rejoint un « *midrash* [2] » qui compare la Parole de Dieu à l'eau qui vient du ciel. Lorsqu'elle tombe sur un cassissier, elle produit du cassis, quand elle tombe sur un olivier de l'huile, sur la vigne du vin... Chacun est porteur d'un sens particulier. Les enfants, les pauvres, ceux qui souffrent, ceux qui ont un cœur ouvert sont d'une importance capitale dans ce domaine car ils ont une naïveté, au sens étymologique de « nouveauté », qui donne de la vie et de la fraîcheur à la Parole.

1. Étude juive des textes bibliques.
2. *Midrash* : d'un verbe hébreu qui veut dire « chercher ». Il s'agit d'un commentaire qui rend accessible une parole biblique.

L'apprentissage

Plusieurs courants pratiquent l'apprentissage des récitatifs. Voici dans quelles circonstances et comment nous pratiquons au sein de l'association « Parole et Geste » :

• En premier lieu, les récitatifs peuvent être intégrés dans des moments de sensibilisation ou des temps liturgiques. Il s'agit alors de faire participer une assemblée en lui apprenant un récitatif très court, une « perle », qui est intégré dans un moment de prière par exemple ou de proclamation de la Parole.

• L'apprentissage peut se faire aussi sur plusieurs jours de sessions de formation. L'objectif est alors pédagogique : il s'agit de nourrir des personnes qui reprendront le répertoire avec les groupes qu'elles accompagnent tout au long de l'année. L'expérience montre que, au cours de ces formations, ce n'est pas tant le volume de récitatifs appris qui compte que les moyens mis en œuvre pour permettre aux participants d'intérioriser et de goûter la Parole. Aussi, au fil des années, ces temps d'apprentissage sont devenus de véritables haltes spirituelles. La gestuation est au service d'un chemin spirituel ; elle est heureusement associée à des temps de partage, de prière personnelle et communautaire. Elle peut s'accompagner également de temps de danses traditionnelles ou de relaxation qui préparent le corps et l'esprit à l'accueil de la Parole.

• Il existe enfin des groupes réguliers qui se rencontrent tous les quinze jours pendant une heure et demie à deux heures. C'est la situation la plus favorable à un apprentissage solide[3]. Elle permet de travailler entre les rencontres et d'approfondir tout au long de l'année. Le répertoire appris pendant l'année est repris à chaque rencontre. Un temps de prière clôt la rencontre.

La transmission d'un récitatif peut se dérouler ainsi :

Le groupe se tient en cercle, dans un espace assez vaste pour que chacun puisse aller jusqu'au bout de ses gestes. Le transmetteur donne le rythme en faisant entrer le groupe dans le balancement. Puis, il récite en chantant une première « formule » que le groupe reprend trois fois. Ensuite, il propose une seconde « formule » reprise trois fois également, puis tous reprennent en enchaînant les deux formules. L'apprentissage se poursuit en reprenant régulièrement le texte depuis le début. Cela permet de bien mettre en place les transitions, les « mots-crochets » (comme par exemple : « ainsi », « et voici »), les dialogues.

16. L'idéal est de mémoriser chaque jour comme le propose notamment la Fraternité Saint-Marc (voir annexe 2, p. 143).

Lors d'une première découverte, les personnes sont souvent troublées parce que l'apprentissage se fait avec tous les éléments du récitatif en même temps : le balancement, la traduction nouvelle, la mélodie, les gestes. D'ordinaire, elles abordent la Parole de Dieu en fixant leur attention sur une compréhension intellectuelle. Ici, elles ont une impression de confusion. Mais cette impression s'estompe vite. Avec l'habitude, vient une plus grande aisance et une plus grande rapidité à apprendre, sans vouloir tout de suite tout maîtriser.

De nombreuses personnes disent aussi qu'elles n'ont pas de mémoire, qu'elles ne savent pas chanter, qu'elles sont mal à l'aise dans leur corps, qu'elles n'y arriveront pas... Certes, chacun a des capacités différentes, mais c'est là l'occasion de faire grandir la confiance en soi, pour recevoir progressivement la Parole de Dieu dans tout son être.

À l'issue d'une rencontre, les personnes peuvent aussi avoir l'impression de ne plus rien savoir. Il convient alors que le transmetteur les rassure, les invite à être attentives à ce qui se passe en elles dans les jours qui suivent : un geste, une mélodie, une parole peuvent revenir à la mémoire, à un moment ou un autre, dans telle ou telle circonstance... et l'on est alors surpris de voir que l'on porte en soi cette Parole, tel un cadeau caché !

Comment utiliser les trente-cinq récitatifs ?

Les récitatifs proposés dans l'ouvrage sont des récitatifs courts, composés de quelques versets. Ils sont ainsi plus facilement mémorisables par des personnes, adultes ou enfants, qui n'ont pas l'habitude de cette pratique.

Avant de proposer un récitatif à un groupe, il est nécessaire, comme nous l'avons déjà indiqué, de l'avoir bien mémorisé et intériorisé soi-même. Pour cela, l'idéal reste que l'animateur l'ait lui même appris au sein d'un groupe de récitatifs. Si cela n'est pas possible, le livre et le DVD peuvent aider à une première approche. De manière générale, il est indispensable de s'y prendre suffisamment à l'avance pour avoir le temps de revenir sur cet apprentissage personnel et laisser la Parole descendre en soi.

Dans la présentation de chacun des trente-cinq récitatifs, différentes rubriques apparaissent :

• Le « **texte** » : Il s'agit du texte du récitatif. Il est disposé de telle sorte qu'apparaissent déjà le balancement et le rythme du texte avec la mise en parallèle des « formules ».

Apprendre avec le DVD et le livre

En tout premier lieu, l'animateur utilisera la vidéo : le récitatif peut être regardé et écouté une première fois dans sa totalité. Puis, phrase après phrase, il le reprendra en chantant et en gestuant, d'abord avec la vidéo, puis seul.

Lorsque cet apprentissage personnel est bien installé, et seulement à ce moment-là, l'animateur peut transmettre le récitatif à d'autres personnes. L'usage de la vidéo ou d'un support écrit du texte est alors à exclure : c'est l'animateur lui-même qui transmet le récitatif au groupe, selon les indications proposées au paragraphe précédent. L'animateur peut avoir, à portée de main, ce livre, et notamment la présentation du récitatif qu'il transmet (chapitre suivant) ; elle lui sert d'aide-mémoire.

Dans le texte du récitatif, les mots sont groupés entre des crochets (>...<). Ces crochets délimitent le morceau de la phrase pendant lequel le geste se déploie.

Quand un ou plusieurs mots sont entourés de crochets (*[...]*), cela veut dire qu'ils n'apparaissent pas dans le texte biblique ; ils ont été rajoutés ou répétés pour la compréhension du passage ou le rythme du récitatif.

• Les « **premières notes** » : Ce sont les premières notes de la mélodie du récitatif, avec simplement une distinction entre les brèves et les longues.

• Les « **gestes** » : Toute la gestuelle du récitatif est récapitulée dans un tableau. Ce tableau est un aide-mémoire ; il est compréhensible si on a déjà vu ou vécu le récitatif. On retrouve dans la partie gauche du tableau, les éléments du texte délimités par les crochets (>...<) et dans la partie droite la description du geste correspondant. Lorsque cette description est précédée d'un mot en lettres majuscules, HOMME par exemple, il s'agit alors d'un « geste clé », c'est-à-dire d'un geste fréquent, que l'on retrouvera dans d'autres récitatifs. Quand un « geste clé » revient plusieurs fois dans un récitatif, la description du geste n'est pas notée à nouveau (voir par exemple le geste BÉNIR dans « L'Appel d'Abram », p. 43). De même, quand un groupe de mots revient plusieurs fois et correspond à un même geste, la ligne dans le tableau n'est pas répétée (voir par exemple « *une veuve/cette veuve* » dans « L'obole de la veuve », p. 82).

Il est souvent précisé si le geste est accompli avec la main droite ou la main gauche. Cela peut avoir une signification particulière (dans la symbolique antique, la gauche est associée au mauvais) ou alors permettre un meilleur enchaînement des gestes du récitatif. Quand ce n'est pas précisé, chacun choisira le côté qui lui convient.

• Les « **commentaires** » : Les éléments de commentaire présentés ici aident à comprendre le passage biblique, en le situant dans son contexte, en donnant quelques indications sur le genre littéraire ou l'intention de l'auteur biblique... Ils apportent aussi des indications spécifiques sur ce que les gestes révèlent du sens et de la profondeur du texte. Ces éléments de commentaire ne sont ni exhaustifs, ni figés ; ils peuvent simplement aider l'animateur à guider le groupe dans la compréhension et l'intériorisation de la Parole.

• Les « **suggestions d'utilisation** » : Cette dernière rubrique peut aider un animateur à choisir dans quelle circonstance proposer le récitatif, en fonction du temps liturgique – dimanches et fêtes des trois années liturgiques – d'un sacrement ou d'un thème particulier. En fin d'ouvrage, des index permettent l'opération inverse (p. 152).

« Mais oui, elle est près de toi la Parole, tout près, dans ta bouche, dans ton cœur et dans tes mains pour la faire »,

Deutéronome 30, 14.

La pratique des récitatifs bibliques n'est pas réservée à une élite ou à un petit groupe de convaincus ; elle peut être avantageusement proposée à tous. Il est simple d'insérer un récitatif à l'intérieur d'un temps de prière, de catéchèse, ou à l'occasion de la préparation d'un sacrement. Proposer un récitatif, c'est offrir aux personnes l'occasion de découvrir différemment un passage biblique ; c'est leur offrir une « perle » de la Parole de Dieu à garder en elles. Peu de choses sont nécessaires à l'animateur si ce n'est de l'audace et de la confiance pour oser se lancer !

Chapitre 3

Les trente-cinq récitatifs

Le commencement (Genèse 1, 1-5) 38
Le terreux (Genèse 2, 7) 41
L'appel d'Abram (Genèse 12, 1-4) 43
L'homme vivra... (Deutéronome 8, 3) 46
Le Messie (Isaïe 61, 1-2a) 48
Ma parole (Jérémie 23, 29) 50
C'est la miséricorde... (Osée 6, 6) 52
On t'a fait savoir... (Michée 6, 8) 54
Qui est monté aux cieux... (Proverbes 30, 4) 56
L'Emmanuel (Matthieu 1, 23) 58
L'adoration des mages (Matthieu 2, 9b-11) 60
Le sel et la lumière (Matthieu 5, 13-16) 62
Notre Père (Matthieu 6, 9-13) 65
Les deux maisons (Matthieu 7, 24-27) 68
Le trésor et la perle (Matthieu 13, 44-46) 71
Annonce de la Pâque de Jésus (Matthieu 20, 18-19) 74
Les deux fils (Matthieu 21, 28-31) 77
L'appel des Douze (Marc 3, 13-15) 80
L'obole de la veuve (Marc 12, 41-44) 82
Le lépreux (Luc 5, 12-14) 85
Aimez vos ennemis... (Luc 6, 27-28) 88
La famille de Jésus (Luc 8, 19-21) 90
Le légiste (Luc 10, 25-28) 93
Demandez... (Luc 11, 9-13) 96
Le levain (Luc 13, 20-21) 99
La brebis et la drachme (Luc 15, 4-10) 101
Le souffle... (Jean 3, 8) 104
Le dernier jour de la fête... (Jean 7, 37-39) 106
Jésus, lumière du monde (Jean 8, 12) 108
Le grain de blé... (Jean 12, 24) 110
Le commandement nouveau (Jean 13, 34-35) 112
Si quelqu'un m'aime... (Jean 14, 23) 114
Les signes (Jean 20, 30-31) 116
Voici je me tiens à la porte... (Apocalypse 3, 20) 118
Le Souffle et l'Épouse (Apocalypse 22, 17.20) 120

Texte

1 > Lorsque Dieu commença la création <
> des cieux et de la terre <

2 > la terre était tohu-bohu < > une ténèbre sur l'abîme <
> le souffle de Dieu < > planait sur les eaux. <
3 > Dieu dit : <
> « Qu'il y ait une lumière » < et > il y eut une lumière. <
4 > Dieu vit la lumière : <
> « Que c'est bon » <
> Dieu sépara <
> la lumière de la ténèbre. <
5 > Dieu appela la lumière : jour la ténèbre, il l'appela : nuit. <
> Et il y eut un soir et il y eut un matin. <
> Jour un. <

Premières notes

Gestes

Lorsque Dieu commença la création	ENFANTER : les mains fermées partent du ventre et s'ouvrent en descendant.
des cieux et de la terre	La main droite s'ouvre vers le haut puis la gauche vers le bas.
la terre était tohu-bohu	Les bras s'agitent devant soi.
une ténèbre sur l'abîme	NUIT : les mains descendent comme un écran devant le visage et le corps, les épaules rentrées.
le souffle de Dieu	SOUFFLE : les mains partent de la gorge, puis, en porte-voix, accompagnent le souffle.
planait sur les eaux	Les mains s'écartent lentement à l'horizontale en dessinant des vagues.

Dieu dit	PAROLE : les mains, paumes vers soi, partent du plexus, remontent et s'ouvrent pour accompagner la parole.
Qu'il y ait une lumière	VOICI : les bras et mains s'ouvrent devant soi au niveau de la taille.
et il y eut une lumière	LUMIÈRE : les mains s'ouvrent vivement au niveau des yeux et vers l'avant.
Dieu vit la lumière	VOIR : les mains partent des yeux et accompagnent le regard.
Que c'est bon	BON : les bras et mains repliés sur la poitrine s'ouvrent vivement vers l'avant et le haut.
Dieu sépara	Les mains jointes tranchent l'espace de haut en bas.
la lumière de la ténèbre	Les mains s'écartent dans un plan horizontal, paumes vers l'extérieur.
Dieu appela la lumière : jour la ténèbre, il l'appela : nuit	NOM : la main droite remonte le long de la gorge et accompagne la voix puis s'ouvre sur le côté, paume vers l'avant. D'abord avec la main droite pour nommer la lumière puis avec la gauche pour nommer les ténèbres.
Et il y eut un soir et il y eut un matin	La main droite décrit un cercle en partant de la droite vers le bas, comme une évocation de la course du soleil.
Jour un	Les mains sont jointes, sans être plaquées, en avant du visage.

Commentaires

Avant de parler de l'histoire d'un peuple qui commence avec Abram, le livre de la Genèse pose, par des récits imagés, les questions existentielles, celles de la création, du péché, de la haine, de la mort...

Le livre s'ouvre sur un premier récit de création en sept jours (Genèse 1-2, 4). Dans le premier jour, Dieu, son Souffle et la Parole sont présents : c'est par sa Parole que Dieu crée. Sur ce monde indifférencié, l'Esprit de Dieu plane, frôle – c'est le même verbe en hébreu. Le premier élément organisateur que Dieu crée est la lumière, avant même le soleil et la lune qui apparaissent au quatrième jour. Dieu sépare et nomme : les gestes du récitatif tranchent, déterminent dans le chaos, des espaces séparés. Et un nom vient leur donner une identité : « *jour* » et « *nuit* ». Dieu trouve « *bon* » ce qu'il voit. La bonté ou la beauté – désignées par le même mot en hébreu – nous renseignent sur qui est Dieu. C'est une des questions fondamentales de la Bible. Dieu est bon et il crée un monde bon et beau.

Quelques suggestions d'utilisation

Ce passage de la Genèse est lu au cours de la veillée pascale (années A, B et C). Ce récitatif convient bien pour la préparation ou la célébration du sacrement du baptême.
Il peut aussi être utilisé pour aborder les thèmes : Création – Esprit/Souffle – Lumière/Ténèbres.

Le terreux — Gn 2, 7

Texte

7 > Le SEIGNEUR Dieu <
> a façonné le terreux < > avec de la poussière de la terre <
> il a soufflé dans ses narines < > un souffle de vie. <
> Et voici <
> le terreux : un être vivant. <

Premières notes

Gestes

Le SEIGNEUR Dieu	**PRIER :** les bras se lèvent au-dessus de la tête, visage et paumes de mains tournés vers l'avant et vers le haut.
a façonné le terreux	S'accroupir, modeler ce que l'on ramasse sur le sol.
avec de la poussière de la terre	**SABLE :** les doigts laissent s'écouler quelque chose d'inconsistant.
il a soufflé dans ses narines	Pendant que le buste se relève, la main droite soutient la main gauche dont la paume est tournée vers le visage. Puis, souffler sur la main gauche.
un souffle de vie	**VIE :** à partir de la gorge, les mains fermées s'ouvrent vivement vers le haut et l'avant. Se remettre debout.
Et voici	**VOICI :** les bras et mains s'ouvrent devant soi au niveau de la taille.
le terreux : un être vivant	Toucher le sol. Puis, en se relevant, **REMPLIR DE VIE :** les mains remontent le long du corps depuis les pieds et se projettent vers le ciel.

Le terreux — Gn 2, 7

Commentaires

Ce verset fait partie du deuxième récit de la Création, récit de tradition plus ancienne que celui de Genèse, 1. Il met en scène un Dieu qui « met la main à la pâte », qui façonne à partir de la matière déjà présente, un Dieu proche et engagé. Ce verset présente la double dimension de l'homme : physique et spirituelle.

« *Le* SEIGNEUR » : dans ce récit, pour la première fois dans la Bible, est donné le nom du Dieu révélé à Moïse, YHWH.

« *Le terreux* » ou l'humain, *'adam* en hébreu, est de la famille de *'adamah* : la terre.

En gestuant ce verset, nous réalisons que pour créer l'homme avec de la poussière de la terre, Dieu s'abaisse.

Il façonne de ses mains et il dépose en l'humain son propre souffle. C'est modelé et habité par le souffle que l'humain se lève pour vivre debout, tourné vers Dieu.

Suggestions d'utilisation

Ce passage est lu le premier dimanche de Carême (année A).

Il peut aussi être utilisé pour aborder les thèmes de : Création – Vie – Esprit/Souffle – Terre – Homme – Humilité.

L'appel d'Abram — Gn 12, 1-4a

Texte

1 > Et le SEIGNEUR < > dit à Abram : <
> « Va < > vers toi <
> loin de ton pays   loin de tes origines   loin de la maison <
> de ton père <
> vers le pays que je te ferai voir. <
2 > Et je ferai de toi une grande nation <   > et je te bénirai <
> et je grandirai ton nom <   > tu seras bénédiction. <
3 > Et je veux bénir <   > ceux qui te béniront <
> et qui te méprisera <   > je le maudirai <
> et en toi < > seront bénies < > toutes les familles de la terre. » <
4 > Et s'en alla Abram < > selon < > la Parole du SEIGNEUR. <
> Et s'en alla avec lui < > Loth. <
> Abram avait soixante-quinze ans < > quand il sortit d'Haran <

Premières notes

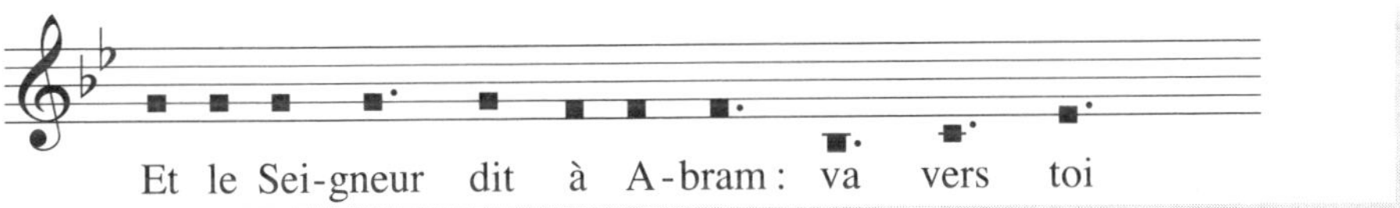

Gestes

Et le SEIGNEUR	**PÈRE :** la main droite monte et désigne le ciel.
dit à Abram	**PAROLE :** les mains remontent le long de la gorge et s'ouvrent pour accompagner la parole.
va	**ALLER :** la main droite décrit un mouvement de soi vers le lointain.
vers toi	**MOI :** la main revient vers la poitrine.
loin de ton pays, loin de tes origines, loin de la maison	Repousser l'espace d'une main puis de l'autre, d'abord au loin, puis plus près et enfin vers les pieds.
de ton père	**LÀ :** les mains désignent le sol sous les pieds.
vers le pays	**VOICI :** les bras et mains s'ouvrent devant soi au niveau de la taille.
que je te ferai voir	**VOIR :** les mains partent des yeux et accompagnent le regard.
et je ferai de toi une grande nation	Les bras s'ouvrent.

et je te bénirai	**BÉNIR :** les mains rapprochées, paumes vers le sol, se posent avec bienveillance.
et je grandirai ton nom	**NOM :** la main droite remonte le long de la gorge et accompagne la voix puis s'ouvre sur le côté, paume vers l'avant.
tu seras bénédiction.	**BÉNIR**
Et je veux bénir	**BÉNIR** sur le côté droit.
ceux qui te béniront	Ouvrir la main droite vers la droite.
et qui te méprisera	Ouvrir la main gauche vers la gauche.
je le maudirai	**MAL :** les mains font le geste de repousser vers le fond à gauche.
et en toi	**TOI :** la main désigne quelqu'un devant soi.
seront bénies	**BÉNIR**
toutes les familles de la terre	**ACCOMPLIR :** les mains décrivent un grand cercle de haut en bas devant soi.

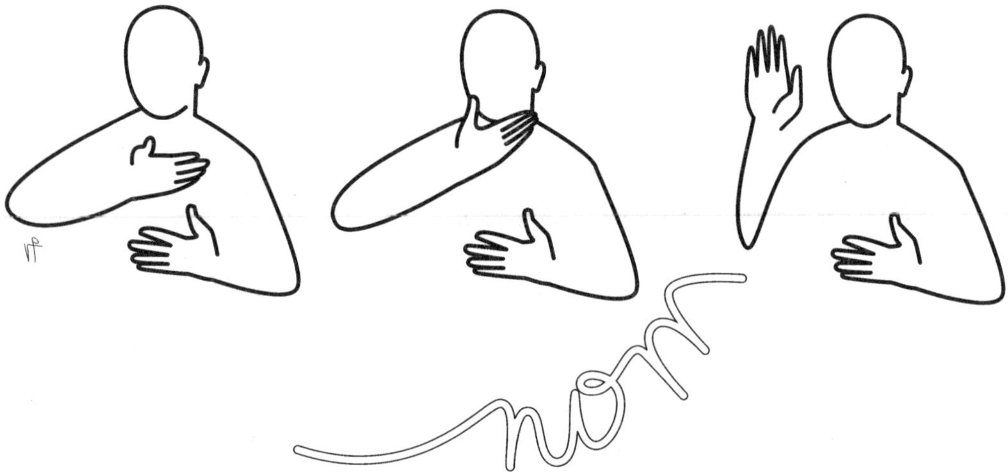

Et s'en alla Abram	**ALLER**
selon	**COMME :** les mains, devant soi, paumes face à face, se rapprochent.
la Parole du SEIGNEUR	**DISCIPLE :** main gauche à l'oreille en geste d'écoute ; la main droite descend du ciel passe devant la bouche et la gorge et vient jusqu'au cœur.
Et s'en alla avec lui	**ALLER**
Loth	La main désigne quelqu'un sur le côté gauche.
Abram avait soixante-quinze ans	Les mains s'appuient sur un bâton.
quand il sortit d'Haran	**ALLER**

Commentaires

Les onze premiers chapitres de la Genèse concernent l'histoire universelle. À partir de Genèse 11, 26 c'est l'histoire d'un peuple qui débute avec le cycle d'Abram. Celui-ci s'ouvre par le récit du voyage commencé par son père Térah, depuis Our en Chaldée, vers Canaan. L'appel de Dieu rejoint Abram à un moment où la situation semble bloquée : Térah meurt, le voyage est interrompu à Haran, et Abram et Saraï n'ont pas d'enfant.
Ce texte est construit autour du verbe « aller ». Au début, la Parole du Seigneur invite à quitter et à partir (« *va vers...* ») et à la fin Abram répond à l'invitation : « *Et s'en alla Abram...* » Ceci est manifesté, dans le récitatif, par des gestes de mouvements.
Entre ces deux moments, le Seigneur promet une terre et une descendance et assure de sa bénédiction. Par Abram, la bénédiction de Dieu rejaillit sur « *toutes les familles de la terre* ». Quatre fois, nous sommes amenés à poser le geste de bénédiction. À travers la vocation d'une personne, ou d'un peuple, c'est toute l'humanité qui entre dans l'Alliance.

Suggestions d'utilisation

Ce passage de la Genèse est lu le deuxième dimanche de Carême (année A).
Ce récitatif peut accompagner une réflexion sur toute forme de vocation : mariage, ordination, vœux religieux...
Il peut aussi être utilisé pour aborder les thèmes : Appel/Annonce/Vocation – Peuple – Bénédiction – Espérance/Promesse – Terre.

L’homme vivra... Dt 8, 3

Texte

3 > L’homme < > vivra <
> non pas de pain seulement < > mais de tout ce qui sort <
> de la bouche < > du SEIGNEUR. <

Premières notes

Gestes

L'homme	**HOMME :** l'avant-bras droit se dresse sur le côté, paume vers l'arrière.
vivra	**VIE :** à partir de la gorge les mains fermées s'ouvrent vivement vers le haut et l'avant.
non pas de pain seulement	**PAIN :** les mains, devant soi, font le geste de rompre du pain.
mais de tout ce qui sort	**DISCIPLE :** main gauche à l'oreille en geste d'écoute ; la main droite descend du ciel passe devant la bouche et la gorge et descend jusqu'au cœur.
de la bouche	**PAROLE :** les mains, paumes vers soi, partent du plexus, remontent et s'ouvrent pour accompagner la parole.
du SEIGNEUR	**PRIER :** les bras se lèvent au-dessus de la tête, visage et paumes de mains tournés vers l'avant et le haut.

Commentaires

Le livre du Deutéronome est une relecture par Israël de son passage au désert, entre l'esclavage en Égypte et l'entrée dans la Terre promise. Dans le chapitre 8, le peuple est invité à faire mémoire de ce que Dieu le conduit et le nourrit.

Dans les traductions habituelles, la négation porte sur le verbe : « *l'homme ne vivra pas seulement de pain* ». Le texte hébreu, lui, met en avant l'affirmation de la vie de l'homme : « *L'homme vivra* ». C'est pourquoi, gestuellement nous ne marquons pas la négation mais la vie qui jaillit. Cette vie est nourrie par le pain et la Parole. Le geste final d'accueil et de retour vers Dieu manifeste que toute nourriture vient de Lui.

Suggestions d'utilisation

Ce verset est lu, dans Matthieu, le premier dimanche de Carême (année A) et lors de la fête du Corps et du Sang du Christ (année A).
Ce récitatif peut servir de bénédicité - prière avant un repas - ou d'acclamation de l'Évangile pendant le Carême.
Ce récitatif convient bien pour la préparation ou la célébration du sacrement de l'eucharistie.
Il peut aussi être utilisé pour aborder les thèmes de : Parole - Homme.

Texte

1 > Le Souffle du SEIGNEUR Dieu [est] sur moi <
> il a fait de moi < > un messie <
> pour annoncer la bonne nouvelle < > aux pauvres. <
> Il m'a envoyé < > pour soigner ceux qui ont < > le cœur brisé <
> pour proclamer < > aux captifs la liberté <
> et aux aveugles de nouveau la vue <
> pour envoyer les opprimés < > en liberté <
2 > pour proclamer < > une année d'accueil du SEIGNEUR. <

Premières notes

Gestes

Le Souffle du SEIGNEUR Dieu est sur moi	**BAPTÊME :** les mains partent du haut, glissent sur la tête et descendent comme pour suivre le trajet de l'eau versée.
il a fait de moi	**MOI :** la main droite montre la poitrine.
un messie	**CHRIST :** geste d'imposition des mains, les bras étendus fermement devant soi.
pour annoncer la bonne nouvelle	**PAROLE :** les mains, paumes vers soi, partent du plexus, remontent et s'ouvrent pour accompagner la parole.
aux pauvres	Les bras redescendent vers l'avant et s'ouvrent sur les côtés.
Il m'a envoyé	**ENVOI :** les mains partent du bassin à gauche et se lancent vers l'avant.
pour soigner ceux qui ont le cœur brisé	La main droite panse la main gauche fermée.
pour proclamer	**PAROLE**
aux captifs la liberté	**SAUVEUR :** bras tendus vers l'avant, poings croisés et fermés, les mains se retournent vers l'intérieur, s'ouvrent et se lèvent.
et aux aveugles	Les mains masquent le visage.
de nouveau la vue	Les mains et les bras s'ouvrent, comme des volets.
pour envoyer les opprimés	**OPPRIMÉS :** le haut du corps étant penché, la main droite pèse sur l'épaule gauche.

en liberté	ALLER : les mains décrivent un mouvement de soi vers le lointain.
pour proclamer	PAROLE
une année d'accueil du SEIGNEUR	ACCUEILLIR : les mains forment une coupelle à hauteur de la poitrine.

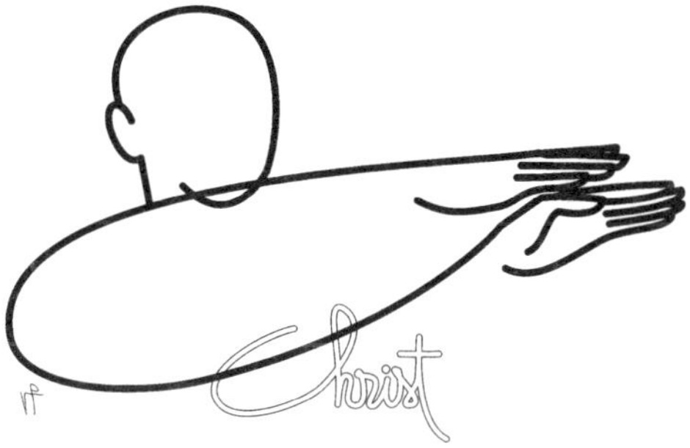

Commentaires

Les chapitres 60-62, situés à la fin du livre d'Isaïe, forment un tout. Le chapitre 61 s'insère comme un écrin dans lequel le prophète annonce la mission du Messie. C'est la Jérusalem restaurée (Isaïe 60) que le Messie portera à un rayonnement universel (Isaïe 62).
Jésus reprendra cette prophétie, à la synagogue de Nazareth, pour dire qui Il est (Luc 4, 18-19).
Les gestes de ce récitatif font ressortir l'identité du Messie ; il est celui qui a reçu l'onction, onction qui lui confère une mission : annoncer une parole aux pauvres. Cette parole est une parole en actes car elle se décline en quatre actions : soigner, proclamer, libérer les opprimés, proclamer une année d'accueil du SEIGNEUR. C'est la mission du Christ, et à sa suite, la mission de tout baptisé. Dans ces quatre actions, geste et parole alternent.

Suggestions d'utilisation

Ce passage du livre d'Isaïe est lu le quatrième dimanche du temps ordinaire (année A), le troisième dimanche de l'Avent (année B) et à la messe chrismale. Il est aussi cité dans Luc 4, 16-30, évangile du troisième dimanche du temps ordinaire (année C).
Ce récitatif convient bien pour une préparation au sacrement de la confirmation. Il peut aussi être utilisé pour aborder les thèmes de : Mission – Salut – Espérance – Esprit/Souffle – Jésus-Christ/Messie – Pauvreté – Liberté.

Ma parole — Jr 23, 29

Texte

29 > N'est-elle pas <
> ainsi < > ma parole <
> comme < > le feu <
> oracle du SEIGNEUR <
> comme < > un marteau qui fracasse < > le rocher ? <

Premières notes

Gestes

N'est-elle pas	**VOICI :** les bras et mains s'ouvrent devant soi au niveau de la taille.
ainsi	**COMME :** les mains, devant soi, paumes face à face, se rapprochent.
ma Parole	**PAROLE :** les mains, paumes vers soi, partent du plexus, remontent et s'ouvrent pour accompagner la parole.
comme	**COMME**
le feu	Les mains montent avec vivacité en ondulant.
oracle du Seigneur	**EN VÉRITÉ :** la main droite à hauteur de l'épaule est ouverte vers l'avant, la main gauche sur la poitrine.
comme	**COMME**
un marteau qui fracasse	Geste d'abattre un marteau tenu des deux mains, répété deux fois.
le rocher	Les mains se percutent et s'écartent vivement vers le haut.

Commentaires

Par la bouche du prophète Jérémie, en lutte contre les faux prophètes, le Seigneur affirme la puissance de sa Parole. Les gestes posés sur « *n'est-elle pas* » et sur « *oracle du Seigneur* » confirment la force de cette Parole.
Elle est comme un feu qui dévore, qui purifie, qui fait le tri entre le vrai et le faux.
En faisant le geste du marteau qui fracasse, nous vivons l'expérience d'être nous-mêmes percutés par cette Parole qui vient briser nos résistances. C'est aussi, selon la tradition juive, l'image de l'interprétation : comme le marteau fait jaillir des étincelles du rocher, la Parole vient donner du sens à l'existence.

Suggestions d'utilisation

Ce verset du livre de Jérémie convient bien comme acclamation de l'Évangile pendant le Carême.
Il peut aussi être utilisé pour aborder le thème de : Parole.

Texte

6 > C'est la miséricorde que je veux < > et non les sacrifices <
> et la connaissance de Dieu < > plutôt que les holocaustes. <

Premières notes

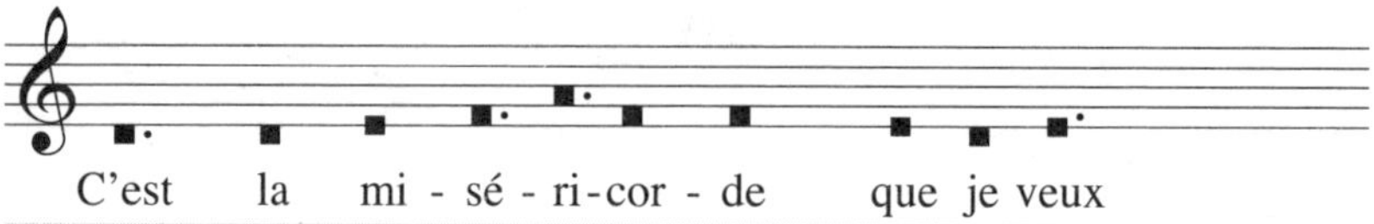

Gestes

C'est la miséricorde que je veux	MISÉRICORDE : les mains, paumes ouvertes, remontent le long du ventre et s'ouvrent vers l'avant avec douceur, paumes vers le bas.
et non les sacrifices	SACRIFICE : geste violent d'un coup de couteau.
et la connaissance de Dieu	Les mains, posées sur le cœur, s'ouvrent vers le haut.
plutôt que les holocaustes	Les mains miment la fumée qui monte puis redescendent vers la gauche.

Commentaires

Par la bouche du prophète Osée, le Seigneur remet en cause les pratiques rituelles des sacrifices et exige une véritable attitude intérieure. Ce récitatif exprime une opposition entre des gestes extérieurs (*sacrifices*) et (*holocaustes*) exécutés par les mains, loin du corps, et des gestes plus intérieurs (*miséricorde*) et (*connaissance*) qui partent du ventre et du cœur et engagent tout l'être.

Jésus reprendra la première partie de ce verset lors de ses polémiques avec les pharisiens (Matthieu 9, 13 et 12, 7).

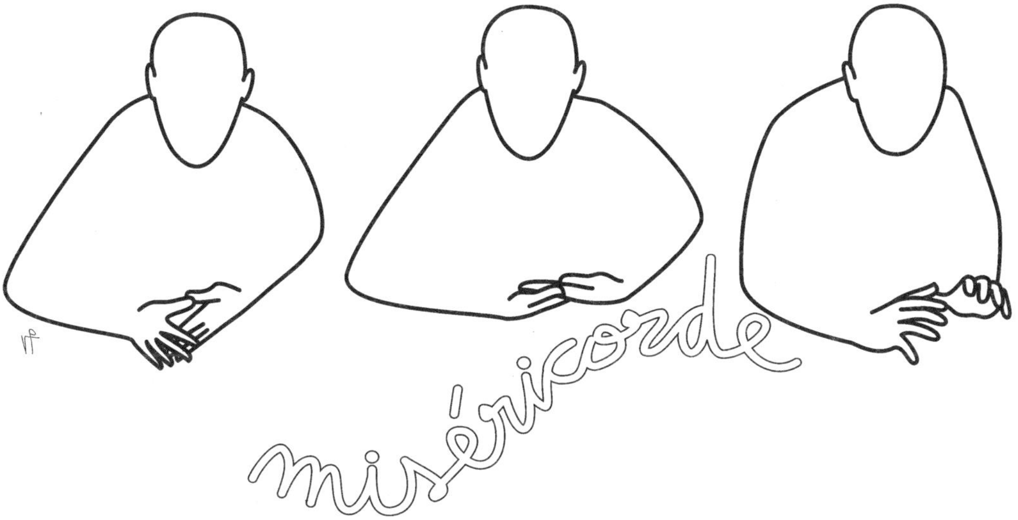

Suggestions d'utilisation

Ce passage est lu le dixième dimanche du temps ordinaire (année A).
Il convient bien pour des temps de méditation pendant le Carême ainsi que pour la préparation et la célébration du sacrement de réconciliation.
Il peut aussi être utilisé pour aborder les thèmes de : Offrande – Humilité – Conversion.

On t’a fait savoir... Mi 6, 8

Texte

8 > On t’a fait savoir < > à toi < > humain <
> qu’est-ce qui est bon < et > qu’est-ce que < >le SEIGNEUR attend < > de toi. <
> Rien d’autre <
> que de faire < > la justice < > aimer de miséricorde <
> être humble < et > marcher avec ton Dieu. <

Premières notes

Gestes

On t’a fait savoir	**ENTENDRE :** la main en éventail à l’oreille.
à toi	**MOI :** la main droite montre la poitrine.
humain	**HOMME :** l’avant-bras droit se dresse sur le côté, paume vers l’arrière.
qu’est-ce qui est bon	**POURQUOI :** les mains sont à hauteur du visage dans une attitude d’interrogation.
qu’est-ce que	**POURQUOI**
le SEIGNEUR attend	**PÈRE :** la main droite monte et désigne le ciel.
de toi	**MOI**
rien d’autre	**VOICI :** les bras et les mains s’ouvrent devant soi au niveau de la taille.
que de faire	**FAIRE :** les mains se ferment à hauteur du bassin et s’ouvrent énergiquement vers l’avant.
la justice	**JUSTICE :** la main droite ouverte, perpendiculaire au visage, coupe l’espace devant soi.
aimer de miséricorde	**MISÉRICORDE :** les mains, paumes ouvertes remontent le long du ventre et s’ouvrent vers l’avant avec douceur, paumes vers le bas.
être humble	**DISPONIBILITÉ :** les mains et les bras s’écartent vers le bas en signe d’accueil.
marcher	Faire quelques pas.
avec ton Dieu	**PRIER :** les bras se lèvent au-dessus de la tête, visage et paumes de mains tournés vers l’avant et le haut.

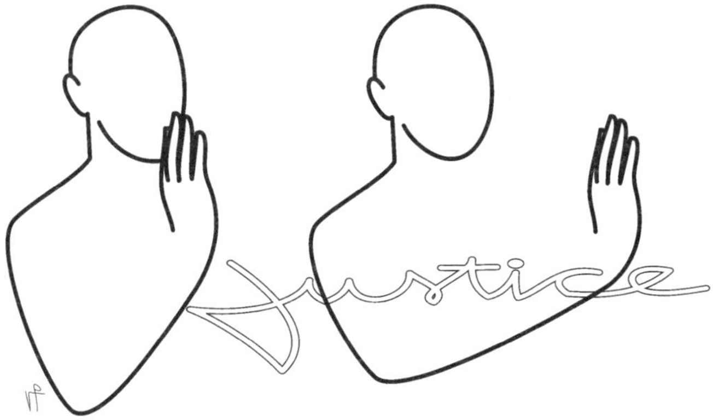

Commentaires

Michée s'en prend aux désordres sociaux et à leurs causes. Il est le prophète des petits dont il partage la souffrance. Il se retrouve souvent seul face aux grands et aux puissants dont il dénonce le comportement.
Dans le chapitre 6, Dieu engage un procès contre son peuple (« *Ô mon peuple, que t'ai-je fait ?* », Mi 6, 3) et lui rappelle toutes ses œuvres de libération. L'homme envisage une réponse rituelle démesurée. Michée rappelle alors les fondements de l'Alliance : « *faire* » en direction de ses frères et « *être* » avec Dieu.
On ne peut réciter ce verset sans se sentir impliqué : par deux fois, avec le geste MOI, le Seigneur nous interpelle personnellement.
Les deux gestes, JUSTICE et MISÉRICORDE, expriment l'équilibre indispensable entre la rigueur et l'amour, entre la loi et la souplesse dans toute action envers les frères.
Les deux gestes, « *être humble* » et « *marcher* », se complètent l'un l'autre, et expriment l'attitude de l'homme devant Dieu : à la fois, tout accueillir de lui, et en même temps, se mettre en marche, être acteur.

Suggestions d'utilisation

Ce verset du prophète Michée convient bien à des temps de méditation pendant le Carême et pour la préparation et la célébration du sacrement de réconciliation.
Il peut aussi être utilisé pour aborder les thèmes de : Conversion – Humilité – Prochain – Homme.

Qui est monté aux cieux... Pr 30, 4

Texte

4 > Qui est monté aux cieux < et > en est descendu ? <
> Qui a recueilli le souffle dans ses mains ? <
> Qui a rassemblé les eaux dans son manteau ? <
> Qui a fixé les limites de la terre ? <
> Quel est son Nom ? < > Quel est le Nom de son Fils ? <
> Le sais-tu ? <

Premières notes

Gestes

Qui est monté aux cieux	La main droite monte vers le ciel.
et en est descendu	La main redescend.
Qui a recueilli le souffle dans ses mains	Les mains en coupelle s'approchent de la bouche.
Qui a rassemblé les eaux dans son manteau	La main droite ramène des éléments sous le bras gauche en corbeille.
Qui a fixé les limites de la terre	PEUPLE : les bras tendus balayent l'horizon de gauche à droite à hauteur des yeux, paumes vers le haut.
Quel est son Nom	NOM : la main droite remonte le long de la gorge et accompagne la voix puis s'ouvre sur le côté, paume vers l'avant.
Quel est le Nom	NOM : idem avec la main gauche.
de son fils	FILS : l'avant-bras droit se dresse sur le côté, paume vers l'arrière ; la main gauche remonte le long de l'avant-bras droit.
Le sais-tu	POURQUOI : les mains sont à hauteur du visage dans une attitude d'interrogation.

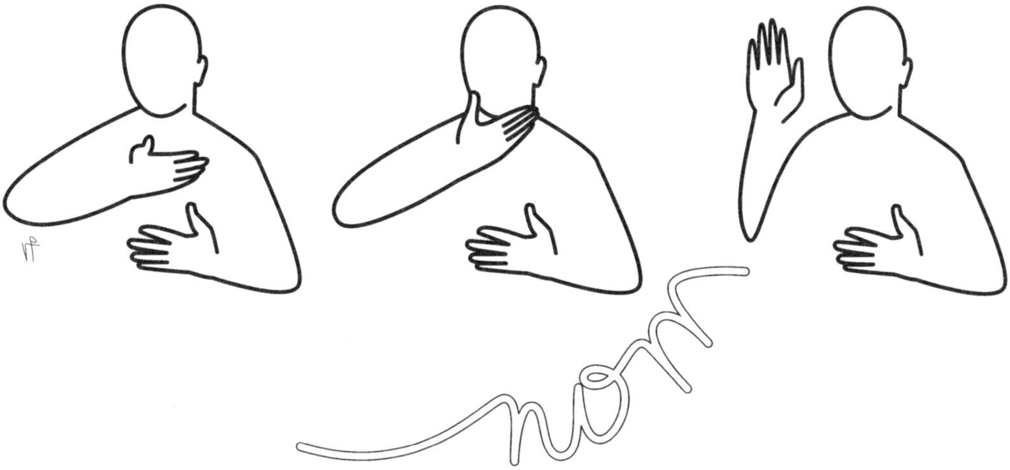

Commentaires

Ce verset est extrait du livre des Proverbes qui contient de nombreuses maximes de la sagesse juive. Ce sont le plus souvent des formules brèves, imagées et balancées, facilement mémorisables.
Ce passage est une belle illustration de l'emploi du langage poétique et énigmatique pour aborder la question de Dieu.
Plusieurs gestes horizontaux nous font percevoir la création dans ses éléments matériels : l'air, l'eau et la terre. Ceux-ci nous renvoient, dans des gestes verticaux, à la question du créateur de ces éléments. C'est une des questions essentielles de la Bible : qui est Dieu ? La venue de Jésus, Fils de Dieu pour les chrétiens, dissipe une partie de l'énigme.

Suggestions d'utilisation

Ce récitatif peut être utilisé pour aborder les thèmes de : Dieu - Père - Fils - Le Nom de Dieu - Terre - Création - Souffle.

Texte

> [Parole du prophète Isaïe :] <
23 > Voici que la vierge < > est enceinte. <
> Elle enfantera < > un fils < > et l’appellera du nom d’Emmanuel <
> ce qui veut dire < > Dieu < > avec nous. <

Premières notes

Gestes

Parole du prophète Isaïe	NOM : la main droite remonte le long de la gorge et accompagne la voix puis s’ouvre sur le côté, paume vers l’avant.
Voici que la vierge	VOICI : les bras et mains s’ouvrent devant soi au niveau de la taille.
est enceinte	Les mains se posent sur le ventre.
Elle enfantera	ENFANTER : les mains fermées partent du ventre et s’ouvrent en descendant.
un fils	HOMME : l’avant-bras droit se dresse sur le côté, paume vers l’arrière.
et l’appellera du nom d’Emmanuel	NOM
ce qui veut dire	VOICI
Dieu	PÈRE : la main droite monte et désigne le ciel.
avec nous	ALLIANCE : les mains se rejoignent au niveau du cœur, et se tiennent avec tendresse.

Commentaires

Cette citation du prophète Isaïe (Isaïe 7, 14) est rapportée par Matthieu dans le récit de l'annonce de la naissance de Jésus à Joseph. Cette naissance est interprétée par Matthieu comme l'accomplissement d'une Parole venant de Dieu. Cette Parole se fait chair : par le geste des mains posées sur le ventre, celui de l'enfantement, puis celui du fils qui se dresse, nous accueillons tout le mystère d'un Dieu qui se fait humain.
Son nom, Emmanuel, signifie la descente de Dieu dans l'humanité pour faire Alliance ; c'est ce que traduisent les gestes PÈRE et ALLIANCE, posés sur les mots « *Dieu avec nous* ».

Suggestions d'utilisation

Ce passage est lu le quatrième dimanche du temps de l'Avent (année A) dans le livre d'Isaïe au chapitre 7.
Il peut aussi être utilisé pour aborder les thèmes de : Attente – Espérance/Promesse.

L'adoration des mages — Mt 2, 9b-11

Texte

9b > Et voici : <
> l'étoile que les mages avaient vue en Orient les conduisait
jusqu'à ce qu'elle vint < > se tenir <
> au-dessus de l'endroit où était l'enfant. <
10 > Or ayant vu l'étoile < > ils se réjouirent d'une très grande joie. <
11 > Et entrés dans la maison < > ils virent < > l'enfant avec Marie sa mère <
> et s'étant prosternés, ils l'adorèrent.<
> Et ayant ouvert leurs trésors < > ils lui offrirent des offrandes : <
> de l'or < > et de l'encens < > et de la myrrhe. <

Premières notes

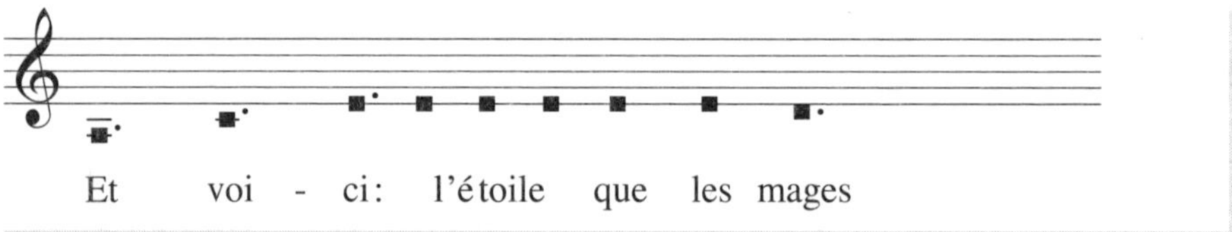

Gestes

Et voici	VOICI : les bras et mains s'ouvrent devant soi au niveau de la taille.
l'étoile que les mages avaient vue en Orient les conduisait jusqu'à ce qu'elle vint	Le regard accompagne le bras droit qui part du bas à gauche pour monter doucement jusqu'en haut, devant soi.
se tenir	ÉTOILE : bras étendu vers le haut, la main s'ouvre vivement vers l'avant.
au-dessus de l'endroit où était l'enfant	La main droite descend et désigne le sol devant soi.
Or ayant vu l'étoile	VOIR : les mains partent des yeux et accompagnent le regard.
ils se réjouirent d'une très grande joie	JOIE : bras, mains et doigts s'étendent vivement à partir du cœur vers le haut.
Et entrés dans la maison	ENTRER : les bras tendus vers le sol décrivent un mouvement vers l'avant.
ils virent	VOIR
l'enfant avec Marie sa mère	Les bras font le geste de bercer.

et s'étant prosternés, ils l'adorèrent	**PROSTERNER :** se mettre à genoux et s'incliner face contre terre.
Et ayant ouvert leurs trésors	Le buste se relève. **DÉVOILER :** les mains, l'une après l'autre, soulèvent délicatement un voile.
ils lui offrirent des offrandes	**OFFRIR :** les mains, paumes ouvertes vers le haut, se rassemblent puis s'élèvent.
de l'or	La main gauche se soulève comme chargée d'un poids.
et de l'encens	La main droite fait le geste d'une fumée qui s'élève.
et de la myrrhe	Les doigts se rapprochent des narines comme pour inhaler.

Commentaires

Seul Matthieu relate cet épisode de l'adoration des mages ; il fait partie des récits de l'enfance (Matthieu 1-2). Après les bergers, la figure des mages, venus de loin, prouve que le salut est pour tous les hommes.
Ce passage est structuré autour du verbe « voir ». Le geste lent et tenu qui accompagne la marche des mages exprime leur quête, leur cheminement. Ils s'arrêtent à l'étoile. Voir l'étoile, c'est voir l'enfant ; l'enfant est lui-même lumière pour les nations. Le beau geste de descente qui relie l'étoile et l'enfant manifeste déjà toute la kénose du Christ : l'abaissement de Dieu qui vient chez les hommes dans la fragilité d'un enfant. Devant ce mystère de l'incarnation, les mages, et nous à leur suite, nous prosternons et offrons toute la richesse du monde.

Suggestions d'utilisation

Ce passage est lu le dimanche de l'Épiphanie.
Il peut aussi être utilisé pour aborder les thèmes de : Prière/Adoration – Foi – Offrande – Humilité.

Le sel et la lumière — Mt 5, 13-16

Texte

13 > Vous êtes < > le sel < > de la terre <
> si le sel < > s'affadit < > avec quoi sera-t-il salé ? <
> Il n'est plus bon à rien <
> qu'à être jeté dehors < et > foulé aux pieds des hommes. <
14 > Vous êtes < > la lumière < > du monde. <
> On ne peut pas cacher une ville < > quand elle est bâtie sur un mont. <
15 > On n'allume pas une lampe < > pour la mettre sous le boisseau <
> mais on la met sur le lampadaire < et > elle brille < > pour ceux de la maison. <
16 > Ainsi <
> que brille votre lumière < > devant les hommes <
> et les hommes verront <
> ce que vous faites de beau < et > rendront gloire <
> à votre Père des cieux. <

Premières notes

Gestes

Vous êtes	**VOUS :** les mains montrent les personnes devant soi.
le sel/si le sel	Doigts serrés vers la bouche, la main droite s'éloigne et les doigts s'écartent.
de la terre	**TERRE :** les mains s'ouvrent et montrent l'espace devant soi.
s'affadit	Le poignet droit fléchit.
avec quoi sera-t-il salé	La main gauche fait le geste de saler.
Il n'est plus bon à rien	**NÉGATION :** les avant-bras se décroisent.
qu'à être jeté dehors	**MAL :** les mains font le geste de repousser vers le fond, à gauche.
foulé au pied des hommes	Geste de piétiner.
la lumière	**LUMIÈRE :** les mains s'ouvrent vivement au niveau des yeux et vers l'avant.

du monde	TERRE
On ne peut pas cacher une ville	CACHER : le corps est penché et les mains ouvertes, paumes vers le sol, semblent recouvrir quelque chose sur la droite.
quand elle est bâtie sur un mont	BÂTIR : chaque main se place alternativement au-dessus de l'autre en laissant un espace.
On n'allume pas une lampe	LAMPE : la main gauche, doigts serrés vers le haut, monte et s'ouvre.
pour la mettre sous le boisseau	La main droite vient couvrir et faire redescendre la main gauche.
mais on la met sur le lampadaire	LAMPE : la main gauche, doigts serrés vers le haut, monte et s'ouvre, puis la main droite se place sous le coude gauche.
elle brille	Les mains s'ouvrent.
pour ceux de la maison	VOUS

Ainsi	COMME : les mains devant soi, paumes face à face, se rapprochent.
que brille votre lumière	LUMIÈRE
devant les hommes	HOMME : l'avant-bras droit se dresse sur le côté, paume vers l'arrière.
et les hommes verront	VOIR : les mains partent des yeux et accompagnent le regard.
ce que vous faites de beau	FAIRE : les mains se ferment à hauteur du bassin et s'ouvrent énergiquement vers l'avant.
et rendront gloire	GLOIRE : les bras s'ouvrent, mains vers le ciel, semblant contenir quelque chose qui a du poids.
à votre Père des cieux	PRIER : les bras se lèvent au-dessus de la tête, visage et paumes de mains tournés vers l'avant et le haut.

Commentaires

Dans les chapitres 5 à 7 de son évangile, Matthieu rassemble plusieurs paroles de Jésus dans un long enseignement appelé « enseignement sur la montagne ». Ce texte suit immédiatement celui des Béatitudes. Le disciple est comparé à deux éléments : le sel qui est appelé à disparaître et la lumière qui, au contraire, est appelée à briller.

Ce sont deux facettes de la vocation du chrétien :

- L'image du sel comporte une mise en garde. Le sel est d'une utilisation quotidienne, on ne peut pas s'en passer. Il joue son rôle de réhausseur de saveur en se fondant dans les aliments, en disparaissant en quelque sorte. En même temps, s'il perd sa saveur, il n'est plus d'aucune utilité. Il y a une radicalité, une grande exigence, à ne pas perdre cette saveur. Les gestes manifestent une certaine rudesse : l'affaiblissement, la négation, la mise au dehors et le piétinement.
- L'image de la lumière, au contraire, est une invitation, un encouragement à témoigner.

À partir de deux observations pleines de bons sens sur la ville et la lampe, Jésus donne le sens du témoignage : la vue des actes bons pousse les hommes à louer le Père. Les gestes ont un dynamisme qui conduit à la louange.

Suggestions d'utilisation

Ce passage est lu le cinquième dimanche du temps ordinaire (année A).

Ce récitatif convient bien pour la préparation ou la célébration du sacrement du baptême.

Il peut aussi être utilisé pour aborder les thèmes de : Disciple – Témoignage – Lumière/Ténèbres.

Texte

9 > Notre Père < > qui es aux cieux <
> que ton Nom soit sanctifié <
10 > que ton règne vienne <
> que ta volonté soit faite <
> sur la terre < > comme au ciel. <
11 > Donne-nous aujourd'hui notre pain de ce jour. <
12 > Pardonne-nous nos offenses <
> comme nous pardonnons aussi < > à ceux qui nous ont offensés. <
13 > Et ne nous soumets pas < > à la tentation <
> mais délivre-nous < > du mal. <
> [Car c'est à Toi qu'appartiennent <
> le règne < > la puissance < > et la gloire <
> pour les siècles des siècles. <
> Amen.] <

Premières notes

Gestes

Notre Père	**Paix :** les membres du groupe se donnent la main.
qui es aux cieux	**Prier :** les bras se lèvent au-dessus de la tête, visage et paumes de mains tournés vers l'avant et le haut.
que ton Nom soit sanctifié	**Joie :** bras, mains et doigts s'étendent vivement à partir du cœur vers le haut.
que ton règne vienne	**Royaume :** geste d'un parent qui accompagne un enfant dans ses premiers pas.
que ta volonté soit faite	**Disponibilité :** les bras et les mains s'ouvrent le long du corps en signe d'accueil.
sur la terre	La main gauche désigne le sol...
comme au ciel	... tandis que la main droite monte vers le ciel.
Donne-nous aujourd'hui notre pain de ce jour	**Accueillir :** les mains forment une coupelle à hauteur de la poitrine.

Notre Père (version liturgique) Mt 6, 9-13

Pardonne-nous nos offenses	Poings fermés sur la poitrine.
comme nous pardonnons aussi	RÉCONCILIATION : la main droite caresse la paume de la main gauche, puis ALLIANCE : les mains se rejoignent au niveau du cœur et se tiennent avec tendresse.
à ceux qui nous ont offensés	Les mains désignent ceux qui sont à gauche et à droite, le regard accompagne.
Et ne nous soumets pas	NÉGATION : les avant-bras se décroisent.
à la tentation	TENTATION : les mains forment une barrière vers le haut, la tête se détourne.
mais délivre-nous	SAUVEUR : bras tendus vers l'avant, poings croisés et fermés, les mains se retournent vers l'intérieur, s'ouvrent et se lèvent.
du mal	MAL : les mains font le geste de repousser vers le fond, à gauche.
Car c'est à Toi qu'appartiennent	MAÎTRE DE MAISON : poings fermés, bras fermes le long du corps, comme quelqu'un qui a la situation en main.
le règne	ROYAUME
la puissance	CROIX : les bras s'ouvrent en croix.
et la gloire	GLOIRE : les bras s'ouvrent, paumes vers le ciel, semblant contenir quelque chose qui a du poids.
pour les siècles des siècles	Le bras gauche part de l'arrière et revient vers l'avant. AUJOURD'HUI : la main gauche descend devant le visage, paume vers l'avant. La main droite vient se coller à la gauche puis le bras droit s'étend vers l'avant.
Amen	FOI : les mains simulent un appui ferme devant soi, paumes vers le bas.

Commentaires

Le Notre Père, présenté ici, est celui de la version liturgique, c'est-à-dire la prière de tout chrétien. Cette prière s'appuie sur le passage de l'évangile de Matthieu en y ajoutant la partie finale : « *car c'est à Toi... Amen* ».
Le Notre Père est le cœur de l'enseignement de Jésus sur la montagne (Matthieu 5-7). Il a la structure de la prière juive traditionnelle : louange-demande-louange. Le Notre Père reprend le parcours humain du Christ : venant de Dieu, il descend jusqu'à l'affrontement avec le mal et la mort, puis retourne vers le Père.
« *Notre Père* » : par cette prière, Jésus nous établit frères et sœurs, enfants d'un même Père. Nous marquons cela en nous donnant la main.
Cette prière s'articule autour de l'axe vertical : que tout ce qui se passe dans le ciel puisse se passer aussi sur terre.
« *Donne-nous aujourd'hui notre pain de ce jour* » : dans nos mains qui se rejoignent, venant du ciel et de la terre, nous nous disposons à recevoir Dieu comme nourriture.
« *Pardonne-nous nos offenses...* » : par le pardon, Dieu refait alliance avec nous. Nous le vivons par le geste des mains qui s'effleurent et se nouent.
« *Et ne nous soumets pas à la tentation* » : l'attitude de refus exprime la tentation humaine de se passer de Dieu.
« *Le règne, la puissance et la gloire* » : c'est toute la remontée du Christ vers le Père qui passe par la croix, lieu de révélation de sa puissance véritable.
« *Amen* » : le geste, ferme et appuyé, exprime la réponse du disciple au chemin proposé par le Christ et développé dans toute la prière.

Suggestions d'utilisation

Cette prière des chrétiens est utilisée dans toutes circonstances !

Texte

24 > Quiconque < > entend <
> mes paroles < > que voici <
> et qui fait celles-ci <
> à quoi sera-t-il < > comparable ? <
> à un homme < > un sage <
> qui a bâti sa maison < > sur la pierre. <
25 > Et tombe la pluie <
> et roulent les torrents <
> et soufflent les vents <
> et se déchaînent contre cette maison <
> et elle n'est pas tombée <
> car < > elle était fondée sur la pierre. <

26 > Quiconque < > entend <
> mes paroles < > que voici <
> et ne fait pas celles-ci <
> à quoi sera-t-il < > comparable ? <
> à un homme < > un sot <
> qui a bâti sa maison < > sur le sable. <
27 > Et tombe la pluie <
> et roulent les torrents <
> et soufflent les vents <
> et se déchaînent contre cette maison <
> et elle est tombée <

> et l'écroulement fut immense. <

Premières notes

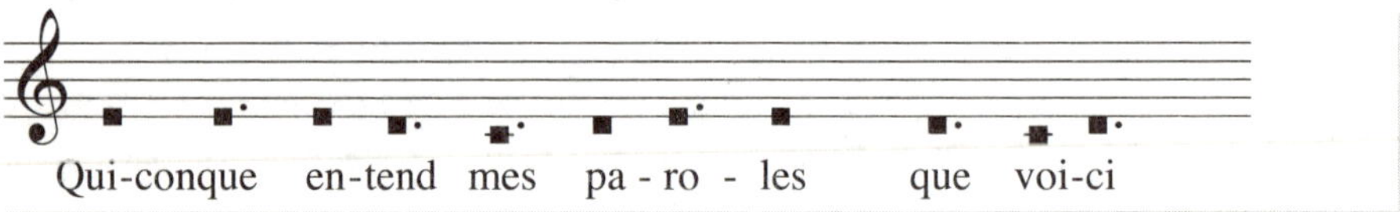

Gestes

Quiconque	HOMME : l'avant-bras droit se dresse sur le côté devant soi, paume vers l'arrière.
entend	ENTENDRE : les mains en éventail aux oreilles.
mes paroles	PAROLE : les mains, paumes vers soi, partent du plexus, remontent et s'ouvrent pour accompagner la parole.
que voici	VOICI : les bras et les mains s'ouvrent devant soi au niveau de la taille.
et qui fait celles-ci	FAIRE : les mains se ferment à hauteur du bassin s'ouvrent énergiquement vers l'avant.
à quoi sera-t-il	L'UN ET L'AUTRE : les mains désignent alternativement un côté puis l'autre.
comparable	COMME : les mains devant soi, paumes face à face se rapprochent.
à un homme	HOMME

un sage	AUJOURD'HUI : la main droite descend devant le visage, paume vers l'avant.
qui a bâti sa maison	BÂTIR : chaque main se place alternativement l'une au-dessus de l'autre en laissant un espace.
sur la pierre	FOI : les mains simulent un appui ferme devant soi, paumes vers le bas.
Et tombe la pluie	PLUIE : les doigts égrènent des gouttes d'eau du haut vers le bas.
et roulent les torrents	Les avant-bras décrivent des rouleaux de vagues.
et soufflent les vents	Les mains en porte-voix accompagnent vigoureusement le souffle.
et se déchaînent contre cette maison	Coups de poings devant soi.
et elle n'est pas tombée	FORTERESSE : les avant-bras se dressent en avant, les paumes se font face à hauteur du visage.
car	VOICI
elle était fondée sur la pierre	FOI
et ne fait pas celle-ci	NÉGATION : les avant-bras se décroisent.
un sot	La main droite s'agite dans un geste de déraison.
sur le sable	SABLE : les doigts laissent s'écouler quelque chose d'inconsistant.
et elle est tombée	Bras ballants, le corps se penche en avant, pouvant aller jusqu'à terre.
et l'écroulement fut immense	CATASTROPHE : les mains enserrent la tête penchée en avant.

Commentaires

Cette parabole se trouve à la fin de l'enseignement sur la montagne. Matthieu présente Jésus comme le nouveau Moïse, monté sur la montagne du Sinaï pour recevoir la Torah. À sa descente, le peuple d'Israël avait dit : « *Toutes les paroles que le SEIGNEUR a dites, nous les ferons* » (Exode 24, 3). Ici Jésus invite ses auditeurs et nous-mêmes à faire Sa Parole...
Ce passage est structuré en deux parties avec un refrain commun. Dans chaque partie, nous retrouvons une même série : la construction d'une maison, le déchaînement des éléments naturels, et le résultat.
L'association « *entendre et faire la Parole* » ou « *entendre et ne pas faire la Parole* » est comparée à la fondation d'une maison, maison fondée sur la pierre ou sur le sable. Les gestes du refrain, très dynamiques, contrastent avec trois gestes qui expriment la stabilité : « *le sage* », « *n'est pas tombée* » et « *fondée sur la pierre* » qui est marqué par le geste FOI.
« *Elle n'est pas tombée* » : ce n'est pas le geste de la négation qui est posé sur cette cellule mais le geste positif de « tenir ferme ». S'appuyer sur la Parole de Dieu, c'est bâtir sur du solide.

Suggestions d'utilisation

Ce passage est lu le neuvième dimanche du temps ordinaire (année A).
Le récitatif des deux maisons convient bien pour la préparation ou la célébration des sacrements du baptême, de la confirmation et du mariage.
Il peut aussi être utilisé pour aborder les thèmes de : Foi - Parole - Choix - Combat/Adversité.

Texte

44 > Le royaume des cieux <
> est semblable <
> à un trésor <
> caché dans un champ <
> et qu'un homme < > trouve <
> et cache <
> et dans sa joie <
> il va < > et vend tout ce qu'il a <
> et il achète ce champ. <

45 > Le royaume des cieux <
> est semblable <
> à un marchand <
> qui cherche des belles perles <
46 > et quand il a trouvé < > une perle de prix <
> il va < > et vend tout ce qu'il a <
> et il achète cette perle. <

Premières notes

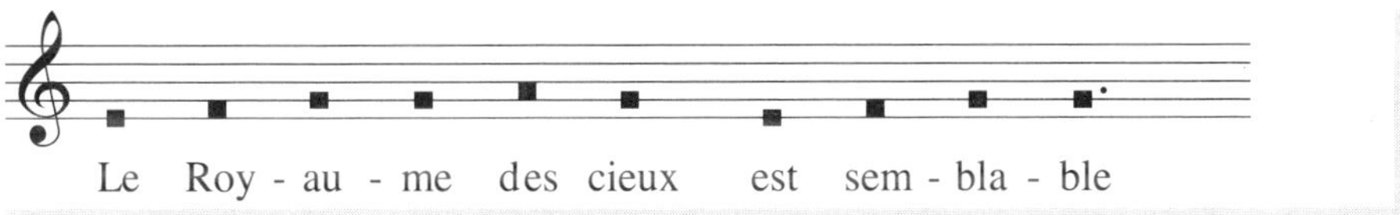

Gestes

Le royaume des cieux	ROYAUME : geste d'un parent qui accompagne son enfant dans ses premiers pas.
est semblable	COMME : les mains, devant soi, paumes face à face, se rapprochent.
à un trésor	TRÉSOR : les mains enserrent un coffret.
caché dans un champ	CACHER : le corps est penché et les mains ouvertes, paumes vers le sol, semblent recouvrir quelque chose.
et qu'un homme	HOMME : l'avant-bras se dresse sur le côté, paume vers l'arrière.
trouve	TROUVER : les mains devant soi s'écartent subitement comme par surprise.
et cache	CACHER
et dans sa joie	JOIE : bras, mains et doigts s'étendent vivement à partir du cœur vers le haut.
il va	ALLER : une main décrit un mouvement de soi vers le lointain.

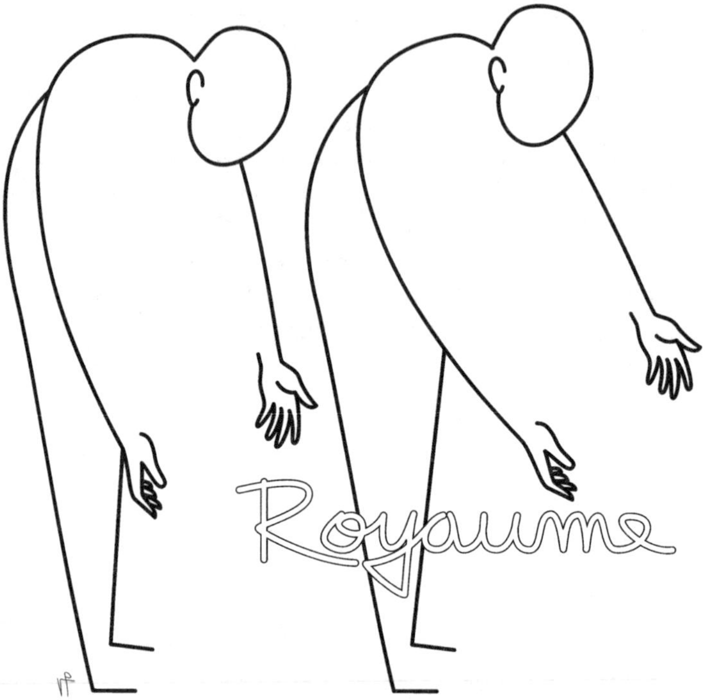

et vend tout ce qu'il a	Alternativement, les mains font le geste de mettre de côté.
et il achète ce champ	La main désigne le sol.
à un marchand	HOMME
qui cherche des belles perles	CHERCHER : les mains tâtonnent activement devant soi.
et quand il a trouvé	TROUVER
une perle de prix	Les doigts saisissent une perle.
et il achète cette perle	La main droite prend la perle au creux de la main gauche et la présente.

Commentaires

Dans le chapitre 13 de son évangile, Matthieu rassemble des paraboles du Royaume : celles du semeur, du bon grain et de l'ivraie, de la graine de moutarde, du levain, du trésor et de la perle, suivies de celle du filet.

Les deux paraboles de ce récitatif sont construites de la même manière : dans les deux cas, un homme trouve un objet et vend tout ce qu'il possède pour acquérir celui-ci.
Pourtant en regardant de plus près, des différences apparaissent : d'un côté, un homme cherche, de l'autre non ; dans l'une des paraboles, l'objet est caché, dans l'autre non ; dans la première, le Royaume est comparé à un objet caché, dans la deuxième à un homme qui cherche... Dans chacune de ces nuances, se révèle un éclat particulier du Royaume.
La succession des gestes CHERCHER, TROUVER, CACHER met en relief la discrétion avec laquelle Dieu se manifeste. À nous de le chercher patiemment.
Ces paraboles nous invitent aussi à regarder le Père et sa manière d'agir envers l'homme : l'homme a tant de prix à ses yeux qu'Il donne tout, Il donne son Fils, pour le sauver.

Suggestions d'utilisation

Ce passage est lu le dix-septième dimanche du temps ordinaire (année A).
Il peut aussi être utilisé pour aborder les thèmes de : Paraboles du Royaume – Liberté – Espérance/Promesse – Joie – Royaume.

Annonce de la Pâque de Jésus Mt 20, 18-19

Texte

18 > Voici < > que nous montons < > à Jérusalem <
> et le Fils de l'Homme <
> sera livré <
> aux grands prêtres et aux scribes. <
19 > Ils le condamneront à mort < > le livreront aux païens <
> pour qu'il soit
humilié < > flagellé < > crucifié <
> et <
> le troisième jour < > il sera ressuscité. <

Premières notes

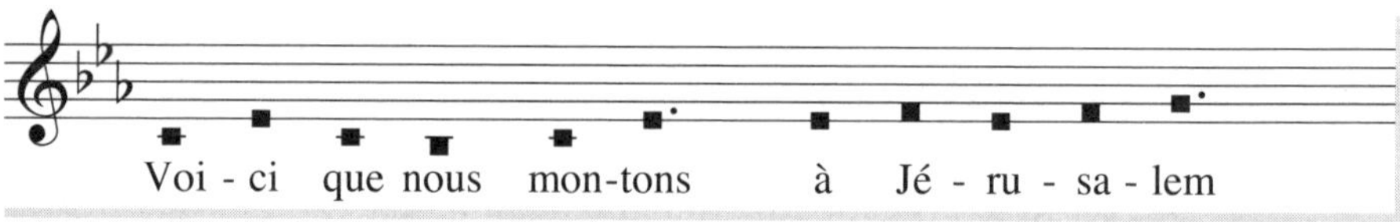

Gestes

Voici	VOICI : les bras et mains s'ouvrent devant soi au niveau de la taille.
que nous montons	MONTER : les bras décrivent une diagonale depuis le bas à gauche vers le haut à droite.
à Jérusalem	Les mains levées se serrent.
et le Fils de l'Homme	FILS DE L'HOMME : la main droite part du ciel, touche le sol et se place sur le côté, à hauteur du visage, paume vers l'arrière.
sera livré	PRISONNIER : les bras étendus se croisent sur les poignets, poings fermés.
aux grands prêtres et aux scribes	L'UN ET L'AUTRE : les mains désignent alternativement un côté puis l'autre.
Ils le condamneront à mort	ACCUSER : montrer vigoureusement du doigt devant soi.
le livreront aux païens	Les bras étendus se croisent sur les poignets et se déplacent vers la gauche.
pour qu'il soit humilié	MALADE : le corps se courbe vers l'avant, bras pendants.
flagellé	Geste de fouetter, vers soi.

crucifié	**CROIX :** les bras s'ouvrent en croix.
et	**ATTENTION :** geste de vigilance, une main se tient à hauteur des yeux, doigts levés.
le troisième jour	Les doigts indiquent le chiffre trois.
il sera ressuscité	**REMPLIR DE VIE :** les mains remontent le long du corps depuis les pieds et se projettent vers le ciel.

Commentaires

Depuis le début du chapitre 19, Jésus s'éloigne de la Galilée et monte à Jérusalem vers sa Passion. Il invite ses disciples à réviser radicalement leurs conceptions de la rétribution (parabole des ouvriers de la onzième heure). C'est au groupe des Douze, pris à part, que Jésus pour la troisième fois annonce sa Pâque. Il les prépare au scandale de sa mort et les ouvre à l'accueil de sa résurrection.

Mais ils ne comprennent pas et continuent de s'interroger sur la place qu'ils auront.
La troisième annonce de la Pâque reprend les éléments des deux précédentes (Matthieu 16,1 et 17, 22-23) mais elle ajoute des précisions sur ce que Jésus va subir et établit la responsabilité autant des Juifs que des païens.
Cette annonce est double : elle porte sur la Passion et sur la résurrection. Cela s'exprime de deux façons dans ce récitatif. D'une part, le geste FILS DE L'HOMME, geste de descente et de remontée, indique déjà le mouvement de mort et résurrection. D'autre part, le temps d'attente sur « *et* » (dans « *et le troisième jour* ») souligne le basculement : tout ne s'arrête pas à la croix, mais par Dieu la vie jaillit.

Suggestions d'utilisation

Ce passage convient bien pour des temps méditatifs en préparation à Pâques et pendant la semaine sainte.
Il peut aussi être utilisé pour aborder les thèmes de : Mystère pascal – Croix – Passion.

Texte

28 > Que pensez-vous < > de cela ?<
> Un homme < > avait deux fils. <

> S'approchant du premier <
> il lui dit : <
> « Fils< > va aujourd'hui <
> travaille à la vigne. » <
29 > Celui-ci répondant lui dit : <
> « Non, je ne veux pas. » <
> Cependant < > par la suite <
> repentant <
> il y alla. <

30 > S'approchant du second <
> il lui dit : <
> [« Fils, va aujourd'hui <
> travaille à la vigne. »] <
> Celui-ci répondant lui dit : <
> « Seigneur, me voici. »<
> et < > il n'y alla pas. <

31 > Lequel des deux a fait < > la volonté du père ? <

Premières notes

Gestes

Que pensez-vous	Les mains posées sur le cœur.
de cela	VOICI : les bras et les mains s'ouvrent devant soi au niveau de la taille.
Un homme	HOMME : l'avant-bras droit se dresse sur le côté, paume vers l'arrière.
avait deux fils	HOMME : l'avant-bras gauche se dresse sur le côté, paume vers l'arrière.
S'approchant du premier	La main gauche s'approche de l'avant-bras droit.
Il lui dit	PAROLE : Les mains, paumes vers soi, partent du plexus, remontent et s'ouvrent pour accompagner la parole.
Fils	VOICI
va aujourd'hui	AUJOURD'HUI : la main gauche descend devant le visage, paume vers l'avant.
travaille à la vigne	ALLER : la main droite décrit un mouvement de soi vers le lointain.

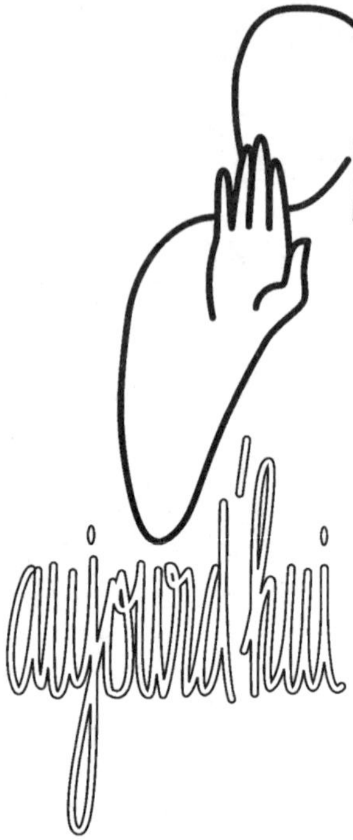

Celui-ci répondant lui dit	PAROLE
Non je ne veux pas	NÉGATION : les avant-bras se décroisent.
Cependant	ATTENTION : geste de vigilance, une main se tient à hauteur des yeux, doigts levés.
par la suite	La paume se retourne dans un mouvement de recul par-dessus l'épaule.
repentant	REPENTANCE : les mains vont chercher derrière à gauche et ramènent devant soi.
il y alla	ALLER
S'approchant du second	La main droite se rapproche de l'avant-bras gauche.
Seigneur me voici	Les avant-bras s'écartent vers l'avant, paumes vers le ciel, avec un air suffisant.
et	ATTENTION
Il n'y alla pas	NÉGATION
Lequel des deux a fait	HOMME : chaque avant-bras se dresse successivement sur le côté ; le regard accompagne.
la volonté du père	DISPONIBILITÉ : les mains et les bras s'ouvrent le long du corps en signe d'accueil.

Commentaires

Jésus entre à Jérusalem et chasse les vendeurs du Temple. Se pose la question de son identité. Jésus ne répond pas mais va enseigner par trois paraboles : celle des deux fils, des vignerons meurtriers et des invités aux noces. Qui travaille à la vigne, qui donne du fruit et qui répond à l'appel de Dieu ?
L'image de la vigne est fréquente dans la Bible ; elle est utilisée pour parler de l'Alliance de Dieu avec son peuple.
Cette première parabole est encadrée par deux questions, ce qui est une pratique rabbinique courante. Elle est composée de deux histoires parallèles. À une même demande du père, les fils réagissent différemment : l'un refuse et fait la Parole ; l'autre accepte mais n'agit pas. Cette différence d'attitude est le fruit de la présence ou non de la repentance (conversion). C'est le geste le plus important de ce récitatif : partir de très loin au fond à gauche et aller jusqu'à la vigne. Accéder à la demande du Père et travailler à la vigne, c'est porter la Parole de Dieu, ce qui est la responsabilité d'Israël, et à sa suite celle de tout croyant.

Suggestions d'utilisation

Ce passage est lu le vingt-sixième dimanche du temps ordinaire (année A).
Il peut aussi être utilisé pour aborder les thèmes de : Père - Service - Commandement/Loi - Conversion/Réconciliation.

L'appel des Douze   Mc 3, 13-15

Texte

13 > Et Jésus monte dans la montagne <
> et il appelle auprès de lui < > ceux qu'il voulait < > et ils vinrent auprès de lui. <
14 > Et il fit les Douze <
> qu'il nomma aussi Apôtres <
> pour être avec lui < et > pour les envoyer <
15 > proclamer [la Parole] <
et
> avoir autorité < > de chasser les démons. <

Premières notes

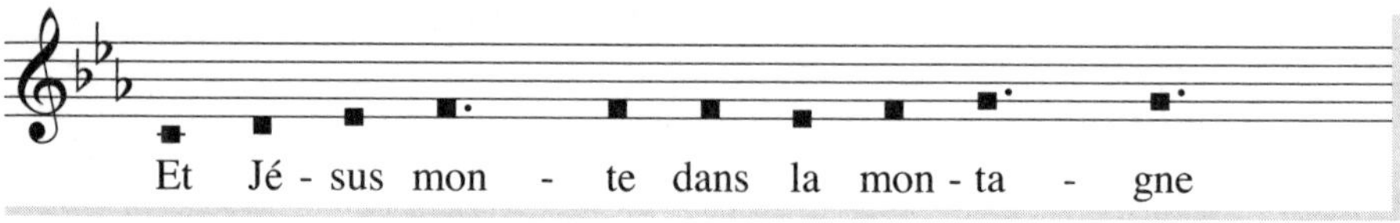

Gestes

Et Jésus monte dans la montagne	ALLER : la main droite décrit un mouvement de soi vers le lointain et monte.
et il appelle auprès de lui	APPELER : les mains, alternativement, vont de l'extérieur vers soi, à partir de plusieurs directions.
ceux qu'il voulait	VOUS : les mains montrent les personnes devant soi.
et ils vinrent auprès de lui	VENIR : les bras sont étendus vers l'avant, les mains reviennent vers la poitrine.
Et il fit les Douze	ACCOMPLIR : les mains décrivent un grand cercle de haut en bas devant soi.
qu'il nomma aussi Apôtres	NOM : la main droite remonte le long de la gorge et accompagne la voix puis s'ouvre sur le côté, paume vers l'avant.
pour être avec lui	ALLIANCE : les mains se rejoignent au niveau du cœur et se tiennent avec tendresse.
pour les envoyer	ENVOI : les mains partent du bassin à gauche et se lancent vers l'avant.
proclamer la Parole	PAROLE : les mains, paumes vers soi, partent du plexus, remontent et s'ouvrent pour accompagner la parole.
avoir autorité	AUTORITÉ : la main droite tient un sceptre avec fermeté.
de chasser les démons	MAL : les mains font le geste de repousser vers le fond à gauche.

Commentaires

Dès le début de sa vie publique, Jésus appelle des disciples. Parmi eux, il choisit douze apôtres, comme les douze tribus d'Israël, pour rappeler la totalité du peuple. Le geste ACCOMPLIR (« *et il fit les Douze* »), geste de plénitude, signifie qu'à travers les Douze, c'est toute l'humanité qui est sauvée.
La succession du geste ALLIANCE (« *pour être avec lui* ») et du geste ENVOI (« *pour les envoyer* ») met en valeur deux dimensions inséparables : c'est enraciné dans l'intimité avec le Christ que le disciple devient apôtre, c'est-à-dire « envoyé ». Il peut alors proclamer la Parole et chasser les démons.

Suggestions d'utilisation

Ce récitatif peut être proposé pour la préparation et la célébration du sacrement du baptême.
Il peut aussi être utilisé pour aborder les thèmes de : Appel/Annonce/Vocation – Mission.

L'obole de la veuve — Mc 12, 41-44

Texte

41 > Et Jésus s'étant assis < > en face du Trésor <
> il regardait comment la foule < > jetait des pièces dans le Trésor <
> et beaucoup de riches < > en jetaient beaucoup. <
42 > Et une veuve < > une pauvre <
> vint et jeta deux toutes petites pièces < > c'est-à-dire < > quelques centimes. <
> Et Jésus appela à lui ses disciples < > et dit à ceux-ci : <
43 > « En vérité < > je vous dis à vous : <
> cette veuve < > cette pauvre <
> a jeté plus < > que tous ceux < > qui ont jeté dans le Trésor <
> car tous <
> c'est de leur superflu qu'ils ont jeté <
> mais elle <
> c'est de sa misère qu'elle a jeté <
44 > tout ce qu'elle possédait < > toute sa vie. » <

Premières notes

Gestes

Et Jésus s'étant assis	SE TENIR : les bras descendent le long du corps, les mains fermes, paumes ouvertes vers le haut.
en face du trésor	Les bras se tendent, paumes tournées vers l'avant.
il regardait comment la foule	PEUPLE : le bras droit balaye l'horizon, de gauche à droite, paumes tournées vers le haut.
jetait des pièces dans le trésor	AUMÔNE : la main droite puise dans la main gauche en cuillère au niveau de la taille et jette.
Et beaucoup de riches	RICHE : chaque main pince et tire en avant le vêtement au niveau « des bretelles ».
en jetaient beaucoup	Les mains prennent dans les poches et jettent ostensiblement, deux fois.
Et une veuve/cette veuve	Les mains soulignent le contour du visage comme un voile.
une pauvre/cette pauvre	Les mains s'ouvrent devant soi, vides.

vint et jeta deux toutes petites pièces	Geste de l'AUMÔNE deux fois, avec retenue, et près du corps.
c'est-à-dire	VOICI : les bras et mains s'ouvrent devant soi au niveau de la taille.
quelques centimes	SABLE : les doigts laissent s'écouler quelque chose d'inconsistant.
Et Jésus appela à lui ses disciples	APPELER : les mains, alternativement, vont de l'extérieur vers soi, à partir de plusieurs directions.
et dit à ceux-ci	DIRE : la main droite remonte le long de la gorge et s'ouvre pour accompagner la voix.
En vérité	EN VÉRITÉ : la main droite à hauteur de l'épaule est ouverte vers l'avant, la main gauche sur la poitrine.
je vous dis à vous	PAROLE : les mains remontent le long de la gorge et s'ouvrent pour accompagner la parole.
a jeté plus	PLUS : le poing droit vient peser dans la paume de la main gauche.
que tous ceux	PEUPLE
qui ont jeté dans le trésor	AUMÔNE deux fois.
car tous	VOUS : les mains montrent les personnes devant soi.
c'est de leur superflu qu'ils ont jeté	L'avant-bras gauche est horizontal au niveau de la tête, la main droite vient « racler » le dessus et jette une poignée vers le bas.
mais elle	TOI : la main désigne quelqu'un.
c'est de sa misère qu'elle a jeté	Les poings remontent le long du corps.
tout ce qu'elle possédait	Les mains s'ouvrent, vides.
toute sa vie	VIE : À partir de la gorge, les mains fermées s'ouvrent vivement vers le haut et l'avant.

Commentaires

Ce passage se situe vers la fin de l'évangile de Marc, juste avant la Passion. Jésus enseigne dans le Temple.
À l'issue de ce passage, Jésus sort du Temple définitivement.
Ce récitatif fait ressortir le contraste entre le geste ostentatoire des riches, nombreux, et le geste discret de cette femme, seule. On remarque aussi le contraste entre le « *superflu* » et la « *misère* » : ils donnent « *beaucoup* » mais ce n'est que leur « *superflu* » ; elle donne peu mais c'est « *tout ce qu'elle possédait* ».
Le texte passe de « *une veuve/une pauvre* » à « *cette veuve/cette pauvre* » : Jésus l'a repérée et va faire du geste de cette femme le cœur de son enseignement : « *deux toutes petites pièces* » ont plus de poids que tout ce qui a été donné. Jésus apprend à ses disciples à regarder, à décoder et à donner du sens au geste de cette femme.
À partir d'une action courante, l'offrande au Temple, il amène à entrevoir une réalité plus radicale : donner sa vie.
Jésus, en voyant le geste de cette femme, en tire du sens pour lui : il lui reste à donner toute sa vie.

Suggestions d'utilisation

Ce passage est lu le trente-deuxième dimanche du temps ordinaire (année B).
Il peut aussi être utilisé pendant le Carême ou pour aborder les thèmes de : Offrande/Sacrifice – Partage.

Texte

12 > Et il advint <
> que Jésus était dans une ville < > et voici < > un homme < > rempli de lèpre <
> et voyant Jésus < > et tombant sur sa face <
> il pria celui-ci en disant : <
>« Seigneur < > si tu le veux tu peux me purifier. »<
13 > Et Jésus étendant la main < > le toucha en disant : <
> « Je le veux, sois purifié »<
> Et aussitôt < > la lèpre < > s'en alla de lui. <
14 > Et [Jésus] lui ordonna < > de ne rien dire à personne. <
> « Mais va, montre-toi au prêtre < et > fais une offrande pour ta purification <
> comme l'a prescrit Moïse <
> ce sera un témoignage < > pour eux. » <

Premières notes

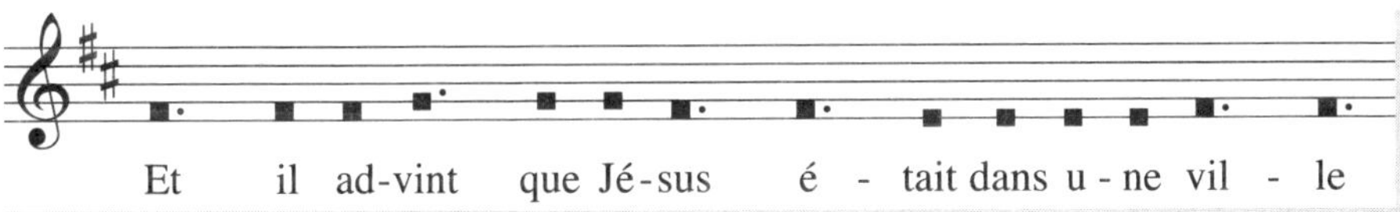

Gestes

Et il advint	VOICI : les bras et les mains s'ouvrent devant soi au niveau de la taille.
que Jésus était dans une ville	La main désigne le sol.
et voici	VOICI
un homme	HOMME : l'avant-bras droit se dresse sur le côté, paume vers l'arrière.
rempli de lèpre	Les doigts descendent le long du corps en grattant.
et voyant Jésus	VOIR : les mains partent des yeux et accompagnent le regard.
et tombant sur sa face	PROSTERNER : se mettre à genoux et s'incliner face contre terre.
il pria celui-ci en disant	Pendant que le buste se relève, les mains, doigts repliés, se lèvent au niveau du visage, dans une attitude d'imploration.
Seigneur	POURQUOI : les mains sont à hauteur du visage dans une attitude d'interrogation.

si tu le veux tu peux me purifier	BAPTÊME : les mains partent du haut, glissent sur la tête et descendent comme pour suivre le trajet de l'eau versée.
Et Jésus étendant la main	Se lever et étendre la main gauche.
le toucha en disant	La main gauche vient toucher le poing droit.
Je le veux, sois purifié	BAPTÊME
Et aussitôt	AUSSITÔT : les mains se rejoignent rapidement par la tranche en coupant l'espace devant soi.
la lèpre	Les mains remontent le long du corps.
s'en alla de lui	MAL : les mains font le geste de repousser vers le fond à gauche.
Et Jésus lui ordonna	ATTENTION : geste de vigilance, une main se tient à hauteur des yeux, doigts levés.
de ne rien dire à personne	NÉGATION : les avant-bras se décroisent.
Mais va, montre-toi au prêtre	ALLER : les mains décrivent un geste de soi vers le lointain.
fais une offrande pour ta purification	OFFRIR : les mains, paumes ouvertes vers le haut, se rassemblent puis s'élèvent.
comme l'a prescrit Moïse	ROYAUME : geste d'un parent qui accompagne son enfant dans ses premiers pas.
ce sera un témoignage	EN VÉRITÉ : la main droite à hauteur de l'épaule est ouverte vers l'avant, la main gauche sur la poitrine.
pour eux	VOUS : les mains montrent les personnes devant soi.

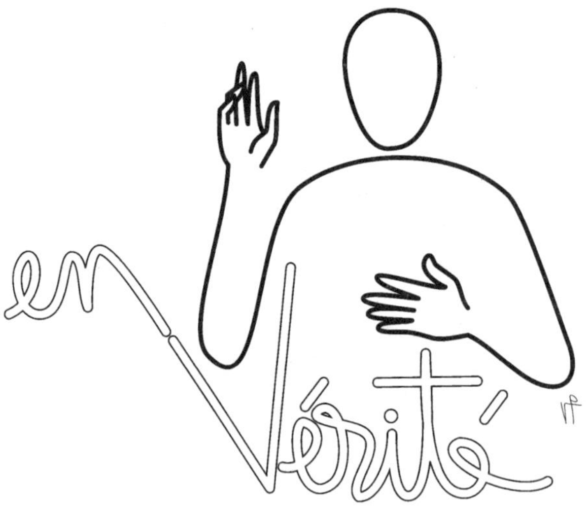

Commentaires

Ce texte met en scène un lépreux : à l'époque de Jésus, la lèpre était considérée comme la conséquence d'un péché. Elle entraînait l'exclusion du malade.
Ce récitatif nous fait entrer dans la prière et l'imploration du lépreux par le long geste de la supplication à genoux. Il nous fait aussi percevoir l'audace du geste de Jésus qui va jusqu'à toucher le lépreux. Par ce geste, Jésus devient lui-même impur, au regard des prescriptions religieuses.
Être purifié, c'est être restauré dans sa dignité ; nous le signifions par le geste du BAPTÊME, baptême qui nous restaure dans notre vocation d'enfant de Dieu.
Jésus ne s'arrête pas à la seule guérison de l'homme. Il le renvoie vers le prêtre pour que sa guérison soit attestée et qu'il soit pleinement réintroduit dans la vie sociale et religieuse.

Suggestions d'utilisation

Ce passage est lu, dans l'évangile de Marc (Marc 1, 40-45), le sixième dimanche du temps ordinaire (année B).
Ce récitatif convient bien pour une préparation ou la célébration du sacrement de la réconciliation.
Il peut aussi être utilisé pour aborder les thèmes de : Miracle - Guérison/ Délivrance - Témoignage.

Aimez vos ennemis... Lc 6, 27-28

Texte

27 > Aimez <	> vos ennemis <
> faites du bien <	> à ceux qui vous haïssent <
28 > bénissez <	> ceux qui vous maudissent <
> priez	pour ceux qui vous calomnient. <

Premières notes

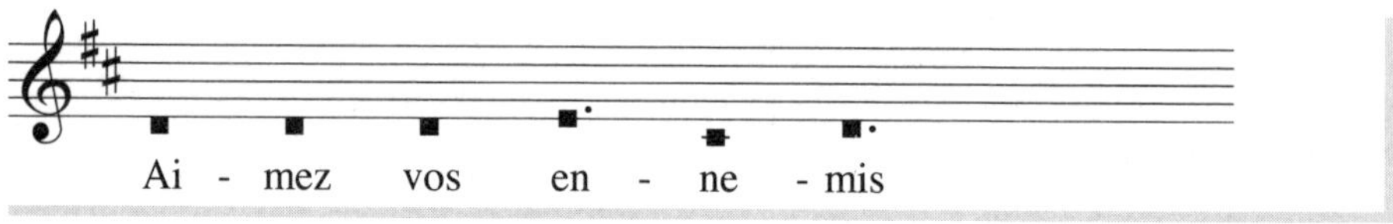

Gestes

Aimez	**AIMER :** les mains partent du cœur et s'ouvrent vers l'avant.
vos ennemis	**CROIX :** les bras s'ouvrent en croix.
faites du bien	Rester sur le geste **CROIX**.
à ceux qui vous haïssent	Les poings se lèvent, menaçants.
bénissez	**BÉNIR :** les mains rapprochées, paumes vers le sol, se posent avec bienveillance.
ceux qui vous maudissent	**PRISONNIER :** les bras étendus se croisent au niveau des poignets, poings fermés.
priez pour ceux qui vous calomnient	**PRIER :** Les bras se lèvent au-dessus de la tête, visage et paumes de mains tournés vers l'avant et le haut.

Commentaires

Jésus descend dans la plaine et enseigne les foules nombreuses. Comme dans l'enseignement sur la montagne de Matthieu, cette partie (Luc 6, 17-49) commence par les Béatitudes et se clôture par la parabole des deux maisons.

L'amour des ennemis, qui est le summum de l'amour, se décline en actes (« *faites du bien* »), en paroles (« *bénissez* », que l'on peut traduire aussi par « *dites du bien* ») et en prière (« *priez* »). Nous avons là les trois dignités baptismales : au baptême, nous sommes faits « roi » (celui qui sert, qui prend soin, qui « *fait du bien* »),

« prophète » (celui qui annonce, qui « *dit du bien* »), et « prêtre » (celui qui célèbre, qui « *prie* »). Ce commandement est le cœur de l'enseignement de Jésus. Les verbes à l'impératif sont en totale contradiction avec les destinataires de ces actions : Jésus invite à aimer les « *ennemis* », à faire du bien à « *ceux qui haïssent* », à bénir « *ceux qui maudissent* », à prier pour « *ceux qui calomnient* ».
Les gestes posés dans ce récitatif ne sont pas strictement parallèles au texte. Ils sont déjà une interprétation : le geste CROIX pour signifier l'amour des ennemis. À vue humaine, ce que le Christ nous demande est impossible à réaliser. Pourtant il l'a vécu. En posant ces gestes, nous sommes invités à le suivre sur le chemin que lui-même a emprunté.

Suggestions d'utilisation

Ce passage est lu le septième dimanche du temps ordinaire (année C).
Ce récitatif convient bien pour une préparation ou la célébration du sacrement de la réconciliation.
Il peut aussi être utilisé pour aborder les thèmes de : Amour - Bénédiction - Pardon - Combat / Tentation - Vérité - Prochain.

Texte

19 > Et arrivèrent près de lui <

> la mère et les frères <

> de Jésus <

> Et ils ne pouvaient < > le rencontrer < > à cause de la foule. <

> On lui annonça : <

20 > « Ta mère et tes frères <

> se tiennent dehors, <

> ils veulent te voir. » <

> Jésus répondant leur dit : <

21 > « Ma mère et mes frères <

> sont ceux <

> qui entendent < et > qui font <

> la Parole de Dieu. » <

Premières notes

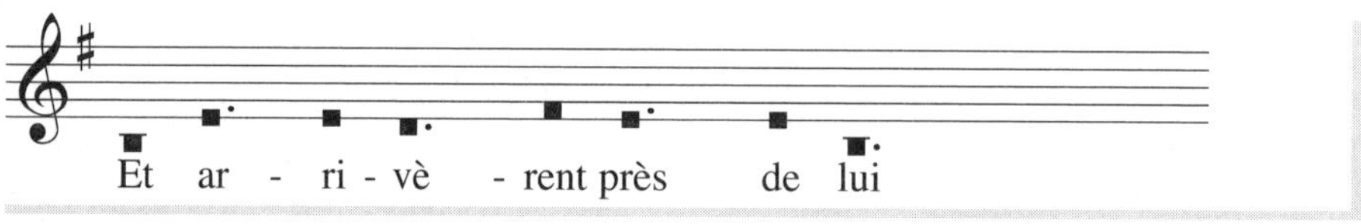

Gestes

Et arrivèrent près de lui	VENIR : le bras est d'abord étendu devant, puis la main revient vers la poitrine.
la (ta) mère et les (tes) frères	Les mains désignent alternativement un endroit précis sur un côté puis l'autre.
de Jésus	SE TENIR : les bras descendent le long du corps, les mains fermes, paumes ouvertes vers le haut.
Et ils ne pouvaient	NÉGATION : les avant-bras se décroisent.
le rencontrer	ALLER : les mains décrivent un mouvement de soi vers le lointain.
à cause de la foule	OBSTACLE : les mains font écran au visage, paumes vers l'avant.
on lui annonça	PAROLE : les mains, paumes vers soi, partent du plexus, remontent et s'ouvrent pour accompagner la parole.
se tiennent dehors	Les mains s'écartent sur un côté.

Ils veulent te voir	**VOIR :** les mains partent des yeux et accompagnent le regard.
Jésus répondant leur dit	**PAROLE**
Ma mère et mes frères	Les bras s'ouvrent largement d'un côté puis de l'autre.
sont ceux	**VOUS :** les mains montrent les personnes devant soi.
qui entendent	**DISCIPLE :** main gauche à l'oreille en geste d'écoute ; la main droite descend du ciel, passe devant la bouche et la gorge et vient jusqu'au cœur.
et qui font	**FAIRE :** les mains se ferment à hauteur du bassin et s'ouvrent énergiquement vers l'avant.
la Parole de Dieu	**PAROLE** puis **PRIER :** les bras se lèvent au-dessus de la tête, visage et paumes de mains tournés vers l'avant et le haut.

Commentaires

Luc place ce récit juste après la parabole du semeur, appelée aussi « parabole des quatre terrains » (Luc 8, 5-8), comme un prolongement de l'enseignement de Jésus sur la Parole : La Parole doit être « *gardée* » et ensuite « *faite* », c'est-à-dire mise en pratique.
Les quatre actes de puissance de Jésus qui suivent ces versets (tempête apaisée, guérisons du Gérasénien, de la femme au flux de sang et de la fille de Jaïre) attestent de la force de la Parole de Jésus qui agit.
Dans ce récitatif, trois parties s'articulent autour des mots « *mère* » et « *frères* » :
- ils arrivent : « *LA mère et LES frères* » ;
- on lui annonce : « *LA mère et TES frères* » ;
- Jésus répond : « *MA mère et MES frères* ».

Nous passons d'un geste précis qui désigne la famille charnelle de Jésus à un geste qui ouvre plus largement. Jésus reprend là un thème biblique majeur : passer d'une fraternité basée sur le sang à une fraternité liée à la Parole. Il nous invite à « entendre et faire la Parole », c'est-à-dire à entendre la Parole et la mettre en pratique. C'est ainsi que nous devenons « *mère et frères de Jésus* ».

Suggestions d'utilisation

Ce récitatif convient bien pour une préparation ou la célébration du sacrement du baptême.
Il peut aussi être utilisé pour aborder les thèmes de : Communauté – Parole – Disciple.

Texte

25 > Et voici < > un légiste se leva < > pour le mettre en difficulté < > en disant : <
> « Maître, qu'est-ce que je dois < > faire < > pour hériter de la vie éternelle ? » <
26 > [Jésus] lui dit : <
> « Dans la loi <
> qu'est-ce qui est écrit ? < > Comment lis-tu ? » <
27 > Répondant, il dit : <
> « Tu aimeras < > le Seigneur ton Dieu <
> de tout ton cœur < > et dans toute ta vie <
> et de toute ta force < > et dans toute ta pensée <
> et <
> [tu aimeras] < > ton prochain comme toi-même. » <
28 > Il lui dit : < > « Tu as bien répondu <
> fais cela < > et tu vivras. » <

Premières notes

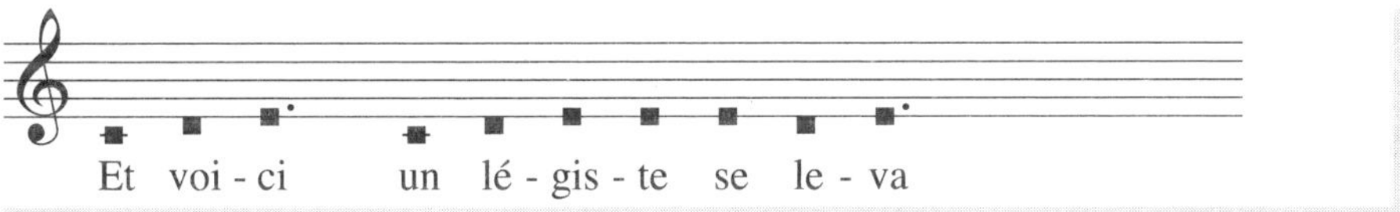

Gestes

Et voici	VOICI : les bras et mains s'ouvrent devant soi au niveau de la taille.
un légiste se leva	HOMME : l'avant-bras droit se dresse sur le côté, paume vers l'arrière.
pour le mettre en difficulté	OBSTACLE : les mains font écran au visage, paumes vers l'avant.
en disant/Jésus lui dit/il dit	PAROLE : les mains, paumes vers soi, partent du plexus, remontent et s'ouvrent pour accompagner la parole.
Maître, qu'est-ce que je dois	POURQUOI : les mains sont à hauteur du visage dans une attitude d'interrogation.
faire	FAIRE : les mains se ferment à hauteur du bassin et s'ouvrent énergiquement vers l'avant.
pour hériter de la vie éternelle	ACCUEILLIR : les mains forment une coupelle à hauteur de la poitrine.

Dans la loi	**ROYAUME :** geste d'un parent qui accompagne un enfant dans ses premiers pas.
qu'est-ce qui est écrit ?	**POURQUOI**
Comment lis-tu ?	**ÉCRITURES :** les mains jointes s'ouvrent comme un livre.
Tu aimeras	**AMOUR :** les mains sont croisées sur le cœur.
le Seigneur ton Dieu	**PÈRE :** la main droite désigne le ciel.
de tout ton cœur	**AMOUR**
et dans toute ta vie	**VIE :** à partir de la gorge, les mains fermées s'ouvrent vivement vers le haut et l'avant.
et de toute ta force	Les poings serrés, de part et d'autre du corps, s'ouvrent énergiquement.
et dans toute ta pensée	La main droite touche le haut de la tête.
et	**ATTENTION :** geste de vigilance, une main se tient à hauteur des yeux, doigts levés.
ton prochain comme toi-même	La main droite désigne quelqu'un et revient vers la gauche qui n'a pas quitté le cœur.
Tu as bien répondu	Les mains, à hauteur du visage, paumes vers l'arrière, font un geste d'encouragement.
fais cela	**FAIRE**
et tu vivras	**VIE**

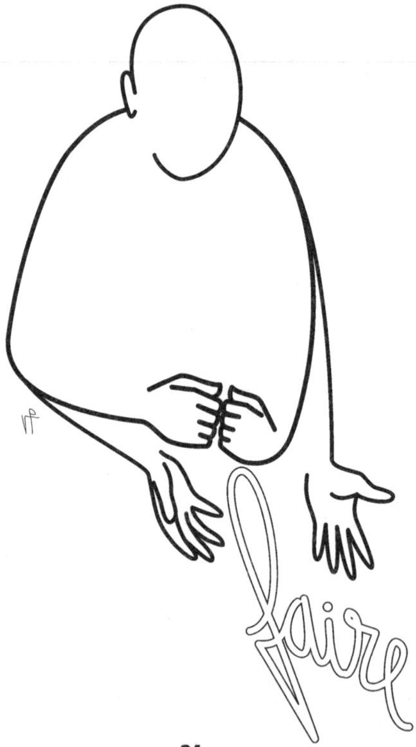

Commentaires

Ce dialogue entre le légiste et Jésus ouvre une réflexion autour de la question du prochain. À une question théorique, celle du légiste, Jésus fera suivre la parabole du Bon Samaritain (Luc 10, 29-37) et une illustration pratique, l'épisode de Marthe et Marie (Luc 10, 38-42).
Sans donner prise à l'intention polémique de son interlocuteur, Jésus renvoie le légiste à sa connaissance de la loi ; il le met en mesure de trouver la réponse par lui-même. Le légiste va faire un « collier », c'est-à-dire rapprocher « des perles », des paroles de la Torah : Deutéronome 6, 5 et Lévitique 19, 18. Il élargit sa propre question. Il ne s'agit pas seulement de mettre en pratique les commandements mais d'aimer Dieu et le prochain. Gestuellement, ce double commandement de l'amour se manifeste par un mouvement vertical (geste de PÈRE) et horizontal (geste du « *prochain comme toi-même* »).

Suggestions d'utilisation

Ce passage est lu le quinzième dimanche du temps ordinaire (année C).
Ce récitatif convient bien pour une préparation du sacrement de la confirmation.
Il peut aussi être utilisé pour aborder les thèmes de : Amour – Commandement – Prochain – Vie.

Demandez... Lc 11, 9-13

Texte

9 > Demandez < > et il vous sera donné <
> cherchez < > et vous trouverez <
> frappez < > et il vous sera ouvert <
10 > car <
> quiconque demande < > reçoit <
> et qui cherche < > trouve <
> et à qui frappe < > il sera ouvert. <
11 > Et quel père parmi vous <
> si son fils demande un poisson
au lieu du poisson < > lui donnera un serpent? <
12 > ou encore <
> s'il demande un œuf < > lui donnera un scorpion? <
13 > Si donc vous < > qui êtes mauvais <
> savez donner de bonnes choses à vos enfants <
> combien plus < > le Père du ciel <
> donnera le Souffle Saint < > à ceux qui lui demandent. <

Premières notes

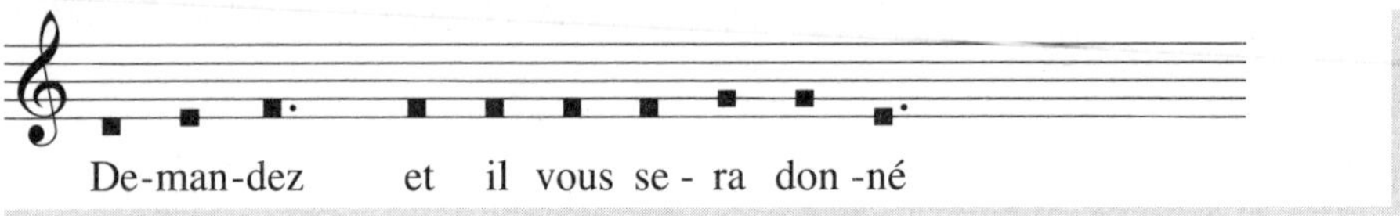

Gestes

Demandez	**ESPÉRER :** les mains, poings fermés, partent du ventre, remontent et s'ouvrent vers le haut.
et il vous sera donné	**ACCUEILLIR :** les mains forment une coupelle à hauteur de la poitrine.
cherchez	**CHERCHER :** les mains tâtonnent activement devant soi.
et vous trouverez	**TROUVER :** les mains, devant soi, s'écartent subitement comme par surprise.
frappez	Geste de frapper à une porte.
et il vous sera ouvert	Les avant-bras dressés, coude contre coude, s'écartent largement.

car	VOICI : les bras et mains s'ouvrent devant soi au niveau de la taille.
Verset 10	On répète exactement les mêmes gestes, dans le même ordre, qu'au verset 9.
et quel père parmi vous	VOUS : les mains montrent les personnes devant soi.
si son fils demande un poisson au lieu du poisson	Les mains superposées, paumes vers le bas, font un mouvement d'ondulation (2 fois).
lui donnera un serpent	La main droite s'éloigne vivement, en zigzaguant.
ou encore	VOICI
s'il demande un œuf	Les mains se rejoignent pour former un œuf.
lui donnera un scorpion	Les mains, l'une sur l'autre, miment un scorpion.
Si donc vous	VOUS
qui êtes mauvais	MAL : les mains font le geste de repousser vers la gauche.
savez donner de bonnes choses à vos enfants	DONNER : les mains et les bras s'ouvrent à hauteur de la taille dans un geste ample.
combien plus	PLUS : le poing droit vient peser dans la paume de la main gauche.
le Père des cieux	PRIER : les bras se lèvent au-dessus de la tête, visage et paumes de mains tournés vers l'avant et le haut.
donnera le Souffle Saint	SOUFFLE : les mains partent de la gorge puis, en porte-voix, accompagnent le souffle.
à ceux qui lui demandent	DISPONIBILITÉ : les mains et les bras s'ouvrent le long du corps en signe d'accueil.

Commentaires

Ce passage se trouve au début du chapitre 11 de Luc, après le « Notre Père ». Jésus, à la demande des disciples, leur apprend à prier et les assure de la réponse de Dieu par la parabole de « L'ami qui se laisse fléchir » (Luc 11, 5-8) et par ce commentaire.
Jésus incite fortement les disciples à s'adresser au Père : le verbe « demander » ouvre et termine ce passage et y apparaît cinq fois, tout comme le verbe « donner ». Par ce procédé, Jésus les assure de la réponse du Père. Cette certitude est renforcée par les balancements quasi automatiques du début du texte : « *demandez* » et « *sera donné* », « *cherchez* » et « *trouverez* », « *frappez* » et « *sera ouvert* ». La répétition des gestes accentue ce constat.
Cette incitation est encore appuyée par la comparaison qui suit. Dans un raisonnement *a fortiori*, Jésus compare les auditeurs et Dieu : puisque les premiers savent répondre aux demandes de leurs enfants en leur donnant de bonnes choses, combien plus Dieu, qui seul est bon, procurera le don par excellence : « *le Souffle Saint* ».

Suggestions d'utilisation

Ce passage est lu le dix-septième dimanche du temps ordinaire (année C).
Il peut aussi être utilisé pour aborder les thèmes de : Confiance – Prière.

Texte

20-21 > Le royaume de Dieu < > est semblable < > à du levain. <
> Le prenant <
> une femme le cache < > dans trois mesures de farine <
> jusqu'à ce que tout soit levé. <

Premières notes

Gestes

Le royaume de Dieu	ROYAUME : geste d'un parent qui accompagne un enfant dans ses premiers pas.
est semblable	COMME : les mains, devant soi, paumes face à face, se rapprochent.
à du levain	La main gauche est en coupelle.
Le prenant une femme le cache	La main droite prend ce qui est dans la gauche et l'enfouit devant soi.
dans trois mesures de farine	Les mains, l'une après l'autre, font avec ampleur le geste d'entasser, en trois fois.
jusqu'à ce que tout soit levé	Les mains se soulèvent lentement, dans un geste continu.

Commentaires

Au chapitre 13 de Luc, Jésus est en route vers Jérusalem et sa Passion ; l'appel à la conversion y est perceptible.
Comme dans la parabole de « la graine de moutarde » qui précède, Jésus attire l'attention de ses auditeurs sur deux aspects caractéristiques du Royaume. De quelque chose de petit, comme le levain, sort quelque chose de grand. L'image du levain évoque aussi la force qui soulève les choses de l'intérieur, de façon cachée. C'est ce qu'exprime le geste de la levée.

« *Trois mesures de farine* » il s'agit de trois « séas », c'est-à-dire d'une grande quantité, environ quarante-cinq litres. La situation, à vue humaine, est disproportionnée et peu vraisemblable. Ceci met en évidence la puissance de l'action de Dieu. Matthieu rapporte aussi cette parabole dans son évangile. Il la relate en des termes identiques ; la seule nuance est qu'il parle, lui, du « *royaume des cieux* ».

Suggestions d'utilisation

Ce passage est lu, dans l'évangile de Matthieu, le seizième dimanche du temps ordinaire (année A).
Il peut aussi être utilisé pour aborder les thèmes de : Espérance/Promesse – Paraboles du Royaume.

La brebis et la drachme Lc 15, 4-10

Texte

4 > Quand un homme < > parmi vous <
> possède cent brebis <
> et perd l'une d'elles <
> que fait-il ? <
> Il laisse les 99 <
> dans le désert <
> et s'en va vers la perdue
jusqu'à ce qu'il la trouve. <
5 > La trouvant
il la met sur ses épaules tout joyeux <
6 > et de retour chez lui <
> appelle ses amis ses voisins <
> leur disant : <
> « Réjouissez-vous avec moi <
> car je l'ai trouvée ma brebis perdue. » <
7 >Je vous dis que < > pareillement <
> il y aura de la joie <
> dans le ciel <
> pour un seul pécheur <
> qui se convertit <
> bien plus < > que pour 99 justes <
> qui n'ont pas besoin < > de conversion. <

8 > Quand une femme < > parmi vous <
> possède < > dix drachmes <
> et perd une drachme <
> que fait-elle ? <
> Elle allume la lampe <
> et balaie la maison <
> et elle cherche avec soin
jusqu'à ce qu'elle la trouve. <
9 > La trouvant <

> elle appelle ses amies ses voisines <
> leur disant : <
> « Réjouissez-vous avec moi <
> car je l'ai trouvée ma drachme perdue. » <
10 > Je vous dis que < > pareillement <
> il y a de la joie <
> devant les anges de Dieu <
> pour un seul pécheur <
> qui se convertit. <

Premières notes

Gestes

Quand un homme/Quand une femme	HOMME : l'avant-bras droit se dresse sur le côté, paume vers l'arrière.
parmi vous	VOUS : les mains montrent les personnes devant soi.
possède cent brebis	MAÎTRE DE MAISON : poings fermés, bras fermement le long du corps, comme quelqu'un qui a la situation en main.

et perd l'une d'elles/une drachme	UN : poing fermé, pouce levé.
que fait-il ?/que fait-elle ?	POURQUOI : les mains sont à hauteur du visage dans une attitude d'interrogation.
Il laisse les 99	L'index fait le geste de compter.
dans le désert	Paumes vers le sol, les mains désignent un espace à gauche.
et s'en va vers la perdue jusqu'à ce qu'il la trouve	Le corps se penche et les bras s'agitent vers le sol.
La trouvant il la met sur ses épaules tout joyeux	Le corps se penche, les mains saisissent la brebis et la mettent sur les épaules.
et de retour chez lui	Le poids du corps se balance joyeusement d'un pied sur l'autre.
appelle ses amis ses voisins/elle appelle ses amies ses voisines	APPELER : les mains, alternativement, vont de l'extérieur vers soi à partir de plusieurs directions.
leur disant :	PAROLE : les mains, paumes vers soi, partent du plexus, remontent et s'ouvrent pour accompagner la parole.
Réjouissez-vous	JOIE : bras, mains et doigts s'étendent vivement à partir du cœur vers le haut.
avec moi	AMOUR : les mains sont croisées sur le cœur.
car je l'ai trouvée ma brebis perdue	La main droite fait le geste de caresser la brebis qui est sur l'épaule.
Je vous dis que	PAROLE
pareillement	COMME : les mains, devant soi, paumes face à face, se rapprochent.
il y aura de la joie	JOIE
dans le ciel/devant les anges de Dieu	PRIER : les bras se lèvent au-dessus de la tête, visage et paumes de mains tournés vers l'avant et le haut.
pour un seul pécheur	UN

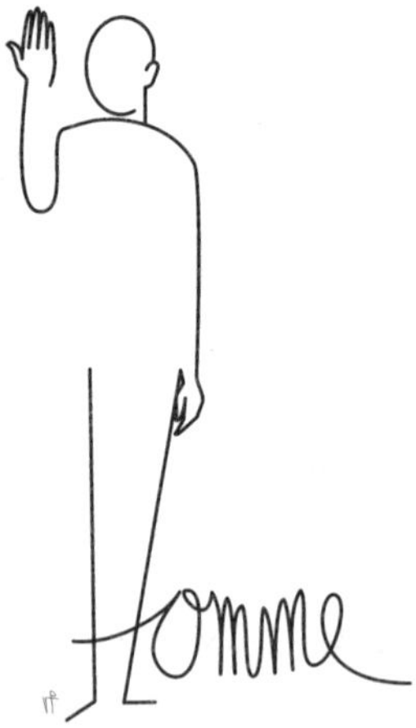

qui se convertit	REPENTANCE : les mains vont chercher derrière à gauche et ramènent devant soi.
bien plus	PLUS : le poing droit vient peser dans la paume de la main gauche.
que pour 99	L'index fait le geste de compter.
justes	JUSTICE : la main droite ouverte, perpendiculaire au visage, coupe l'espace devant soi.
qui n'ont pas besoin	NÉGATION : les avant-bras se décroisent.
de conversion.	REPENTANCE
possède dix drachmes	Les mains ouvertes, doigts écartés, affichent le chiffre dix.
elle allume la lampe	LAMPE : une main, doigts serrés vers le haut, monte et s'ouvre.
et balaie la maison	Geste de balayer, les yeux scrutant le sol.
et elle cherche avec soin jusqu'à ce qu'elle la trouve	Les mains s'agitent vers le sol.
la trouvant	La main saisit une pièce au sol.
car je l'ai trouvée ma drachme perdue	La main droite désigne le creux de la main gauche et montre la drachme.

Commentaires

Dans le chapitre 15 de son évangile, Luc rassemble trois paraboles sur la miséricorde du Père : celle de la brebis, de la drachme et du fils perdus et retrouvés. Dans ces deux paraboles, Luc a le souci, comme souvent dans son évangile, d'illustrer en prenant l'exemple d'un personnage masculin et d'un personnage féminin. Les gestes de ce récitatif mettent en valeur plusieurs oppositions : l'opposition numérique entre 1 et 99 puis entre 1 et 10, l'opposition entre perdu et retrouvé. Dans les deux, la joie est là ; le geste posé sur « *réjouissez-vous* », qui est celui de la vie qui éclate, marque la joie de Dieu pour « *un seul pêcheur qui se convertit* ».

Suggestions d'utilisation

Ces deux paraboles de l'évangile de Luc sont lues le vingt-cinquième dimanche du temps ordinaire (année C).
Elles conviennent particulièrement pour préparer et célébrer le sacrement de la réconciliation.
Elles peuvent aussi être utilisées pour aborder les thèmes de : Joie – Bonheur – Conversion – Pardon.

Texte

8 > Le souffle où il veut souffle <
> et tu entends sa voix <
> mais tu ne sais <
> ni d'où il vient < > ni où il va <
> ainsi <
> quiconque < > est né < > du souffle. <

Premières notes

Gestes

Le souffle où il veut souffle	SOUFFLE : les mains partent de la gorge puis, en porte-voix, accompagnent le souffle.
et tu entends sa voix	ENTENDRE : une main en éventail aux oreilles.
mais tu ne sais	NÉGATION : les avant-bras se décroisent.
ni d'où il vient	Le bras gauche, tendu vers la gauche, revient vers la gorge.
ni où il va	Le bras droit part de la gorge pour se tendre vers la droite.
ainsi	COMME : les mains, devant soi, paumes face à face, se rapprochent.
quiconque	HOMME : l'avant-bras se dresse sur le côté, paume vers l'arrière.
est né	BAPTÊME : les mains partent du haut, glissent sur la tête et descendent comme pour suivre le trajet de l'eau versée.
du souffle	SOUFFLE

Commentaires

Jésus s'entretient avec Nicodème, un pharisien, qui l'interroge : comment peut-on naître d'en haut par l'eau et l'Esprit ? Jésus lui répond par l'image du vent.

Vent, souffle, esprit, c'est le même mot en grec.
On ne connaît ni l'origine ni la destination du souffle et pourtant on l'entend.
De même, la naissance par l'Esprit nous entraîne on ne sait où.
Le geste SOUFFLE, lent et tenu, qui ouvre et termine ce récitatif, manifeste la puissance et la constance de l'Esprit.
Seule une oreille attentive, à l'image de celle d'Élie (Premier livre des Rois 19, 12), peut discerner son mouvement.
Par la tension des bras, à gauche puis à droite, nous expérimentons l'Esprit qui nous envahit, nous traverse de toute part et nous transporte... Ainsi en est-il du baptême, nouvelle naissance.

Suggestions d'utilisation

C'est une belle invocation à l'Esprit pour un moment de prière, particulièrement pendant le temps de Pentecôte.
Ce récitatif convient bien pour la préparation et la célébration des sacrements du baptême et de la confirmation.
Il peut aussi être utilisé pour aborder les thèmes de : Création – Esprit/Souffle.

Le dernier jour de la fête... Jn 7, 37-39

Texte

37 > Le dernier jour de la fête < > le grand jour <
> Jésus, debout < > dit à pleine voix : <
> « Celui qui a soif <
> qu'il vienne à moi < et > qu'il boive <
38 > celui qui croit en moi <
> comme le dit l'Écriture : < > "des fleuves jailliront de lui-même < > en eau vivante." » <
39 > Il voulait parler < > du Souffle Saint <
> qu'allaient recevoir < > ceux qui croient en lui <
> car il n'y avait < > pas encore de Souffle <
> Jésus n'étant pas < > encore glorifié. <

Premières notes

Gestes

Le dernier jour de la fête	VOICI : les bras et mains s'ouvrent devant soi au niveau de la taille.
le grand jour	ACCOMPLIR : les mains décrivent un grand cercle de haut en bas devant soi.
Jésus debout	SE TENIR : les bras descendent le long du corps, les mains fermes, paumes ouvertes vers haut.
dit à pleine voix	PAROLE : les mains, paumes vers soi, partent du plexus, remontent et s'ouvrent pour accompagner la parole.
Celui qui a soif	SOIF : les mains enserrent la gorge.
qu'il vienne à moi	VENIR : le bras est d'abord étendu devant, puis la main revient vers la poitrine.
qu'il boive	BOIRE : les mains en coupe portent l'eau à la bouche.
celui qui croit en moi	FOI : les mains simulent un appui ferme devant soi, paumes vers le bas.
comme le dit l'Écriture	ÉCRITURES : les mains jointes s'ouvrent comme un livre.
des fleuves jailliront de lui-même	Poings fermés sur le cœur, mains et bras s'ouvrent plusieurs fois vers le sol.

en eau vivante	Les mains dessinent des vagues.
Il voulait parler	PAROLE
du Souffle Saint	SOUFFLE : les mains partent de la gorge puis, en porte-voix, accompagnent le souffle.
qu'allaient recevoir	BAPTÊME : les mains partent du haut, glissent sur la tête et descendent comme pour suivre le trajet de l'eau versée.
ceux qui croient en lui	FOI
Car il n'y avait	NÉGATION : les avant-bras se décroisent.
pas encore de souffle	SOUFFLE
Jésus n'étant pas	NÉGATION
encore glorifié	CROIX : les bras s'ouvrent en croix.

Commentaires

Dans le chapitre 7, Jésus monte à Jérusalem pour la fête juive des tentes, fête de « Sukkot » : le peuple fait mémoire des quarante années passées au désert. Il rend grâce à Dieu pour ses bienfaits lors de cette traversée et pour le don de la Torah. Le dernier jour de cette fête, un rituel de libation avait lieu : de l'eau était versée sur l'autel.

Dans la Bible, de nombreux passages évoquent les bienfaits de l'eau. Ici, au cours de cette fête, Jésus s'affirme comme la source des bienfaits. Les gestes de ce récitatif mettent en valeur la générosité de ce don, sa profusion, son abondance. Au verset 39, l'évangéliste identifie l'eau et l'Esprit ; c'est sur la croix, alors que l'eau jaillit de son cœur transpercé, que le Christ transmet déjà son Esprit : « *Il transmit le Souffle* » (Jean 19, 30). À la résurrection, les disciples recevront aussi l'Esprit : « *Prenez le Souffle Saint* » (Jean 20, 22).

Suggestions d'utilisation

Ce passage est lu la veille de la Pentecôte.

Ce récitatif convient bien pour la préparation et la célébration du sacrement du baptême et de la confirmation.

Il peut aussi être utilisé pour aborder les thèmes de : Esprit/Souffle.

Jésus, lumière du monde Jn 8, 12

Texte

12 > « Moi, je suis < > la lumière < > du monde <
> celui qui vient à ma suite <
> ne marchera pas < > dans les ténèbres < mais > il aura la lumière de la vie. » <

Premières notes

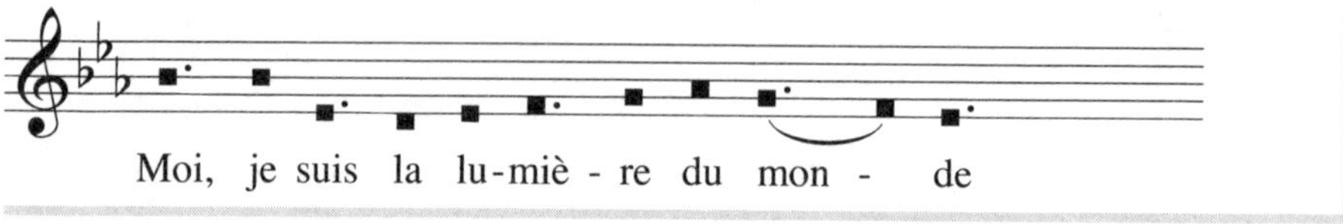

Gestes

Moi, je suis	**MOI :** la main droite montre la poitrine.
la lumière	**LUMIÈRE :** les mains s'ouvrent vivement au niveau des yeux et vers l'avant.
du monde	Les bras s'ouvrent vers l'avant.
celui qui vient à ma suite	Le bras droit accompagne quelqu'un qui arrive de derrière.
ne marchera pas	**NÉGATION :** les avant-bras se décroisent.
dans les ténèbres	**NUIT :** les mains descendent comme un écran devant le visage et le corps, les épaules rentrées.
il aura la lumière de la vie	**REMPLIR DE VIE :** les mains remontent le long du corps, depuis les pieds et se projettent vers le ciel.

Commentaires

Dans l'évangile de Jean, à de nombreuses reprises, Jésus parle de Lui en disant : *« Moi, je suis... le pain vivant »* (Jean 6, 51), *« la porte »*, (Jean 10, 9), *« le bon berger »* (Jean 10, 11), *« le chemin, la vérité et la vie »* (Jean 14, 6), *« la vigne »* (Jean 15, 5). Dans le premier récit de la création (Genèse 1), Dieu a séparé les ténèbres de la lumière. Ici, Jésus se présente comme la lumière de la création nouvelle, comme la lumière de la vie.

Les gestes de ce récitatif nous invitent à entrer dans la dynamique de celui qui suit Jésus : il passe de l'enfermement des ténèbres au jaillissement de la vie.

Suggestions d'utilisation

Ce récitatif convient bien pour la préparation et la célébration du sacrement du baptême.

Il peut aussi être utilisé pour aborder les thèmes de : Jésus-Christ – Lumière – Disciple – Vie.

Texte

24 > Le grain de blé tombé dans la terre <
> s'il ne meurt pas < > reste lui tout seul <
> mais s'il meurt < > beaucoup de fruits il porte. <

Premières notes

Gestes

Le grain de blé tombé dans la terre	Faire le geste de prendre un grain de blé dans la main et le jeter devant soi.
s'il ne meurt pas	NÉGATION : les avant-bras se décroisent.
reste lui tout seul	NUIT : les mains descendent comme un écran devant le visage et le corps, les épaules rentrées.
mais s'il meurt	Les épaules se redressent puis CROIX : les bras s'ouvrent en croix.
beaucoup de fruits il porte	Les mains partent de l'abdomen, poings fermés, et remontent jusqu'au visage. Les bras s'écartent au-dessus des épaules, mains ouvertes comme des coupes.

Commentaires

Au chapitre 12 de l'évangile de Jean, la Passion de Jésus approche. Plusieurs épisodes l'annoncent en parlant de mort et de vie : le retour à la vie de Lazare, l'ami de Jésus, l'onction de parfum par Marie de Béthanie sur Jésus comme un rite funéraire, l'entrée à Jérusalem...
À travers l'image du grain de blé, Jésus parle de la mort, de la vie, du sens de sa propre mort.
Dans ce récitatif, nous passons d'un geste d'enfermement à un geste d'ouverture et de vie ; mais ce passage se fait par le geste de la croix. C'est le chemin de Jésus et c'est celui de toute vie humaine.

Suggestions d'utilisation

Ce passage est lu le cinquième dimanche de Carême (année B).
Ce récitatif convient bien pour une préparation des sacrements du baptême et de la réconciliation.
Il peut aussi être utilisé pour aborder les thèmes de : Mort - Croix / Passion - Mystère pascal - Terre.

Texte

34 > C'est un commandement < > nouveau < > que je vous donne : <
> Aimez-vous < > les uns les autres <
> comme <
> je vous aime <
> vous aussi <
> aimez-vous < > les uns les autres. <
35 > À ceci, tous connaîtront < > que vous êtes mes disciples <
> à l'amour que vous avez < > les uns pour les autres. <

Premières notes

Gestes

C'est un commandement	ROYAUME : geste d'un parent qui accompagne un enfant dans ses premiers pas.
nouveau	TROUVER : les mains devant soi s'écartent subitement comme par surprise.
que je vous donne	DONNER : les mains et les bras s'ouvrent à hauteur de la taille dans un geste ample.
Aimez-vous	AMOUR : les mains sont croisées sur le cœur.
les uns les autres	Se désigner de part et d'autre en se regardant.
comme	COMME : les mains, devant soi, paumes face à face, se rapprochent.
je vous aime	CROIX : les bras s'ouvrent en croix.
vous aussi	VOUS : les mains montrent les personnes devant soi.
À ceci, tous connaîtront	Les mains désignent un au-delà du cercle des personnes présentes.
que vous êtes mes disciples	DISCIPLE : main gauche à l'oreille en geste d'écoute ; la main droite descend du ciel, passe devant la bouche et la gorge et vient jusqu'au cœur.
à l'amour que vous avez	AMOUR
les uns pour les autres	Se désigner de part et d'autre en se regardant, finir les bras ouverts.

Commentaires

Jésus vient de laver les pieds de ses disciples et se prépare à entrer dans sa Passion. Dans un long enseignement de type testamentaire, il s'adresse au groupe restreint de ceux qui ont cru et qui l'ont suivi.

C'est le commandement nouveau qui va bien au-delà du « *Tu aimeras ton prochain comme toi-même* » (Lévitique 19, 18) ; ici, il s'agit d'aimer comme Jésus a aimé, dans un don total, manifesté en plénitude au lavement des pieds, à la Cène et à la Croix. Cet amour doit d'abord circuler entre les disciples et être manifeste pour que « *tous* » puissent reconnaître leur qualité de disciple, et ainsi la présence du Maître.

Le geste accompagnant « *les uns les autres* », repris trois fois, fait ressortir l'importance de la réciprocité.

Le geste CROIX, posé sur la parole de Jésus « *comme je vous aime* », désigne le lieu de la révélation plénière de cet amour. Il est un appel pour nous à aimer à sa manière.

Suggestions d'utilisation

Ce passage est lu le cinquième dimanche du temps pascal (année C).

Il peut aussi être utilisé pour aborder les thèmes de : Commandement – Amour – Disciple.

Si quelqu'un m'aime... Jn 14, 23

Texte

23 > Si quelqu'un m'aime < > il gardera ma Parole <
> et mon Père l'aimera <
> et nous irons vers lui < > et nous ferons chez lui < > notre demeure. <

Premières notes

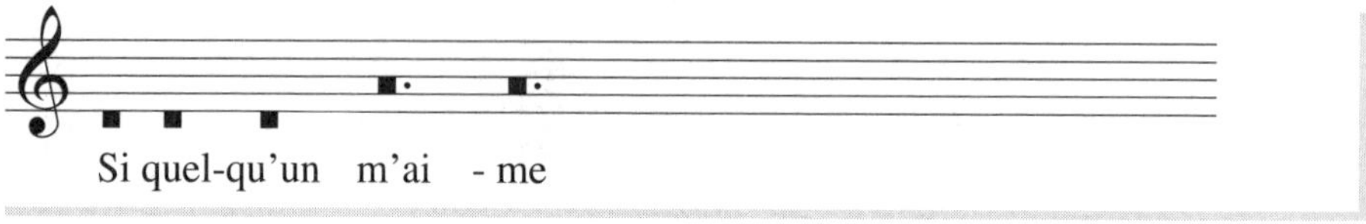

Gestes

Si quelqu'un m'aime	AIMER : les mains partent du cœur et s'ouvrent vers l'avant.
il gardera ma Parole	DISCIPLE : Main gauche à l'oreille en geste d'écoute ; la main droite descend du ciel, passe devant la bouche et la gorge et vient jusqu'au cœur.
et mon Père l'aimera	La main droite reste sur le cœur, la main gauche montre le ciel puis descend se placer sur la main droite.
et nous irons vers lui	ALLER : les mains décrivent un mouvement de soi vers le lointain.
et nous ferons chez lui	VENIR : le bras est d'abord étendu devant, puis la main revient vers la poitrine.
notre demeure	ALLIANCE : les mains se rejoignent au niveau du cœur et se tiennent avec tendresse.

Commentaires

Le chapitre 14 de l'évangile de Jean fait partie de l'enseignement de Jésus à ses disciples au cours du dernier repas, après le lavement des pieds (Jean 13-17). Jésus parle du chemin qui mène au Père et de l'envoi prochain de l'Esprit.
Dans ce récitatif, il y a des mouvements verticaux : la Parole qui descend, le Père qui aime. Il y a aussi des mouvements horizontaux : l'amour auquel le Christ invite et la venue du Père, avec le Fils, chez le disciple.
Horizontalité et verticalité, ce sont comme les deux dimensions de la croix, à l'image de l'humanité et de la divinité du Christ. Le chemin vers le Père, c'est le Christ et sa Parole.

Suggestions d'utilisation

Ce passage de l'évangile de Jean est lu le sixième dimanche du temps pascal (année C).
Ce récitatif, très méditatif, convient bien pour une assemblée de prière.
Il peut aussi être utilisé pour aborder les thèmes de : Père – Alliance – Amour – Espérance – Parole.

Texte

30 > Jésus <
> a aussi fait < > devant ses disciples < > beaucoup d'autres signes <
> qui ne sont pas < > écrits dans ce livre.<
31 > Mais ceux-ci < > ont été écrits <
> pour que vous < > croyiez < > que Jésus est le Christ < > Fils de Dieu <
> et pour que croyant < > vous ayez la vie < > dans son Nom. <

Premières notes

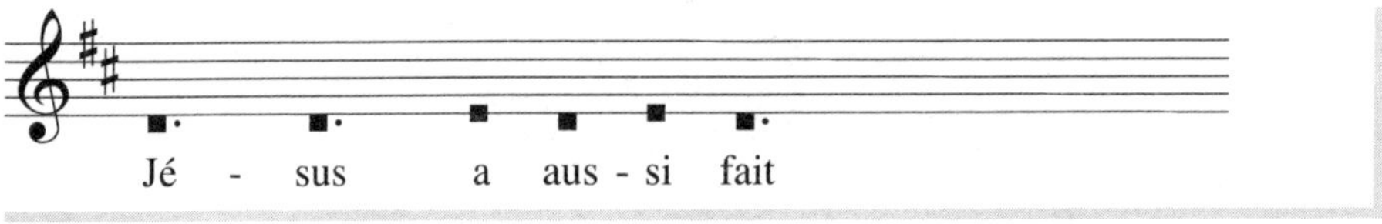

Gestes

Jésus	**SE TENIR :** les bras descendent le long du corps, les mains fermes, paumes ouvertes vers le haut.
a aussi fait	**FAIRE :** les mains se ferment à hauteur du bassin et s'ouvrent énergiquement vers l'avant.
devant ses disciples	**DISCIPLE :** main gauche à l'oreille en geste d'écoute, la main droite descend du ciel, passe devant la bouche et la gorge et vient jusqu'au cœur.
beaucoup d'autres signes	**TOI :** la main désigne quelqu'un devant soi.
qui ne sont pas	**NÉGATION :** les avant-bras se décroisent.
écrits dans ce livre	**ÉCRITURES :** les mains jointes s'ouvrent comme un livre.
Mais ceux-ci	**VOICI :** les bras et mains s'ouvrent devant soi au niveau de la taille.
ont été écrits	La main droite fait le geste d'écrire dans la paume gauche.
pour que vous	**VOUS :** les mains montrent les personnes devant soi.
croyiez	**FOI :** les mains simulent un appui ferme devant soi, paumes vers le bas.
que Jésus est le Christ	**CHRIST :** geste d'imposition des mains, les bras étendus fermement devant soi.
Fils de Dieu	**FILS :** l'avant-bras droit se dresse sur le côté, paume vers l'arrière ; la main gauche remonte le long de l'avant-bras droit.

et pour que croyant	FOI
vous ayez la vie	**VIE :** à partir de la gorge, les mains fermées s'ouvrent vivement vers le haut et vers l'avant.
dans son Nom	**NOM :** la main droite remonte le long de la gorge et accompagne la voix puis s'ouvre sur le côté, paume vers l'avant.

Commentaires

Ces deux versets se situent après l'apparition du Christ ressuscité aux disciples et l'interpellation de Thomas. Ils forment la première conclusion de l'évangile de Jean ; il y en aura une autre à la fin du chapitre 21. Jean exprime ici toute la finalité de son évangile : il s'adresse au lecteur et lui rapporte *« les signes »* de Jésus. Les signes visibles sont donnés pour susciter l'adhésion à une personne qui donne la vie, et la foi pour susciter la vie. Le lien entre la foi et la vie est un thème cher à Jean.

Dans ce récitatif, la continuité entre le geste FOI, posé et appuyé, et le geste VIE, éclatant et dynamique, suggère que c'est bien de l'enracinement dans la foi que jaillit la vie.

Suggestions d'utilisation

Ce passage est lu le deuxième dimanche du temps pascal (années A, B et C). Il peut aussi être utilisé pour aborder les thèmes de : Signe – Foi – Vie.

Voici je me tiens à la porte... Ap 3, 20

Texte

20 > Voici <
> je me tiens à la porte < et > je frappe <
> si quelqu'un entend ma voix < et > ouvre la porte <
> j'entrerai chez lui < et > je dînerai avec lui <
> et lui avec moi. <

Premières notes

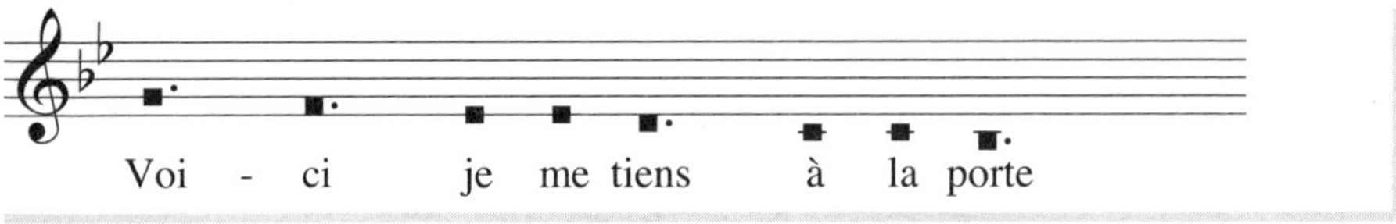

Gestes

Voici	**Voici :** les bras et les mains s'ouvrent devant soi au niveau de la taille.
je me tiens à la porte	**Porte :** les avant-bras se dressent, paumes des mains devant le visage.
et je frappe	Geste de frapper à une porte.
si quelqu'un entend ma voix	**Entendre :** une main en éventail à l'oreille.
et ouvre la porte	Les avant-bras dressés en avant s'ouvrent de chaque côté du corps et s'abaissent.
j'entrerai chez lui	**Entrer :** les bras tendus décrivent un mouvement vers l'avant.
et je dînerai avec lui	**Manger :** porter de la nourriture à la bouche.
et lui	**Toi :** une main désigne quelqu'un devant soi.
avec moi	**Moi :** une main montre la poitrine, en alternance.

Commentaires

Le livre de l'Apocalypse a été écrit dans un contexte de persécutions : l'auteur s'adresse aux « *sept Églises qui sont en Asie* » (Apocalypse 1, 4), c'est-à-dire aux petites communautés chrétiennes présentes en Asie Mineure ; il leur suggère de tenir bon dans la difficulté car Dieu est toujours présent. Ce verset se situe dans la conclusion de la lettre adressée à l'Église de Laodicée.

Dans ce verset, Dieu exprime son désir de se faire proche de celui qui l'écoute et lui ouvre sa porte. À travers le geste de la porte qui s'ouvre amplement, c'est toute la personne qui accueille Dieu en elle.

Dieu s'invite à la table de l'homme. L'alternance des gestes TOI et MOI souligne la relation de réciprocité à laquelle Dieu nous invite.

Suggestions d'utilisation

Ce passage du livre de l'Apocalypse peut être gestué à l'occasion d'une première eucharistie.

Ce récitatif peut aussi servir de bénédicité (prière avant le repas).

Il peut aussi être utilisé pour aborder les thèmes de : Avent – Espérance/Promesse – Parole.

Le Souffle et l'Épouse... Ap 22, 17.20

Texte

17 > Le Souffle < > et l'Épouse < > disent : <
> « Viens. » <
> Que celui qui entend < > dise : <
> « Viens. » <
> Que celui qui a soif <
> vienne. <
> Que celui qui le veut <
> reçoive l'eau vivante < > gratuitement. <
[...]
20 > Le témoin de ce livre dit : <
> « Oui < > je viens bientôt. » <
> Amen < > viens, Seigneur Jésus. < (*ter*)

Premières notes

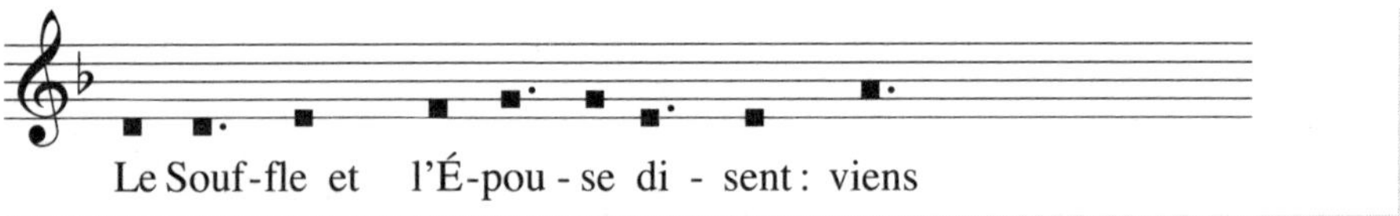

Gestes

Le Souffle	**SOUFFLE :** les mains partent de la gorge puis, en porte-voix, accompagnent le souffle.
et l'Épouse	**ALLIANCE :** les mains se rejoignent au niveau du cœur et se tiennent avec tendresse.
disent/dise/dit	**PAROLE :** les mains, paumes vers soi, partent du plexus, remontent et s'ouvrent pour accompagner la parole.
Viens	**POURQUOI :** les mains sont à hauteur du visage dans une attitude d'interrogation.
Que celui qui entend	**ENTENDRE :** une main en éventail aux oreilles.
Que celui qui a soif	**SOIF :** les mains enserrent la gorge.
vienne	**VENIR :** le bras est d'abord étendu devant, puis la main revient vers la poitrine.
Que celui qui le veut	**AUTORITÉ :** la main droite tient un sceptre avec fermeté.
reçoive l'eau vivante	**BAPTÊME :** les mains partent du haut, glissent sur la tête et descendent comme pour suivre le trajet de l'eau versée.

gratuitement	**ACCUEILLIR :** les mains forment une coupelle à hauteur de la poitrine.
Le témoin de ce livre dit	**EN VÉRITÉ :** la main droite à hauteur de l'épaule est ouverte vers l'avant, la main gauche sur la poitrine.
Oui	**VOICI :** les bras et mains s'ouvrent devant soi au niveau de la taille.
je viens bientôt	**CHRIST EN GLOIRE :** bras ouverts, avant-bras levés, paumes vers l'avant.
Amen	**FOI :** les mains simulent un appui ferme devant soi, paumes vers le bas.
viens Seigneur Jésus	**VENIR**

Commentaires

Ce récitatif est un rapprochement des versets 17 et 20 du chapitre 22 du livre de l'Apocalypse. La dernière partie du verset 20 est reprise trois fois comme un refrain. Ces versets sont les derniers de la Bible. On retrouve là le Souffle, déjà présent au commencement : « *le Souffle de Dieu planait sur les eaux* » (Genèse 1, 2). L'épouse désigne l'Église : les premiers chrétiens, en butte aux persécutions, étaient tendus vers la venue du Christ en gloire qu'ils croyaient imminente. Dans ces deux versets, le témoin qui parle est Celui qui se désigne lui-même au verset 16 : « *Moi, Jésus, J'ai envoyé mon ange pour vous témoigner cela sur les Églises.* ». La succession des gestes VIENS et AMEN est à l'image de la foi de l'Église : VIENS dit notre désir, notre espérance, notre soif ; et AMEN notre adhésion à l'ensemble de la Bible et notre confiance en Jésus qui nous assure de sa venue.

Suggestions d'utilisation

Ce passage est lu le septième dimanche du temps pascal (année C).
Il peut aussi être utilisé pour aborder les thèmes de : Attente / Veille – Alliance – Esprit/Souffle.

Chapitre 4

Les fondements bibliques de la transmission orale et gestuée

La transmission orale et gestuée de la Parole de Dieu n'est pas une invention récente, de Marcel Jousse. Il en fut, comme il le dit lui-même, le « re-découvreur ». Elle trouve ses racines dans la Bible elle-même, bien sûr, dans la Première Alliance et dans la Nouvelle Alliance mais aussi dans la manière dont le judaïsme et le christianisme ont donné sens à leurs Écritures, la manière dont ils les interprètent. L'Écriture et la Tradition sont deux lieux où la mémorisation trouve sa justification. Mémoriser la Parole de Dieu, l'assimiler à travers des gestes humains, la recevoir dans son corps est en grande cohérence avec la dynamique interne biblique. La Parole de Dieu dans la Bible n'est pas une parole absolue qui serait adressée à l'humanité d'une manière extérieure. Elle passe par l'épaisseur de l'expérience humaine, par le corps de celui que Dieu a voulu créer « *à son image et selon sa ressemblance* » (Genèse 1, 26).

Dans la Première Alliance et la tradition juive

Trois éléments vont permettre de fonder la mémorisation dans la Première Alliance : le lien entre matière et esprit dans la pensée biblique, la mise par écrit de la Bible juive et la complémentarité entre les deux Torah (tradition écrite et tradition orale).

Le lien entre matière, corps et esprit

Dans l'univers philosophique grec, le divin se dégrade, s'obscurcit au contact de la matière ; il faut s'en séparer pour trouver la lumière du divin. Dans la Bible, au contraire, Dieu crée la matière par sa Parole et se révèle dans la création qu'il juge bonne. Par sa Parole également, il fait alliance avec l'être humain qu'il nomme intendant, gérant de sa création. Adam est placé dans le jardin pour le « cultiver et le garder ». En hébreu, le même mot *avodah* est utilisé pour « cultiver » et « rendre un culte ». Ainsi, par ses gestes et sa parole, par son travail et le culte rendu, l'être humain fait le lien entre la matière et Dieu. Tout en maintenant sa transcendance, Dieu permet aux humains de faire remonter vers lui toute la création comme action de grâce.

Cette relation particulière entre Dieu et l'homme amène deux conséquences fondamentales.

• La première est que le monde spirituel et le monde physique sont extrêmement liés : le monde spirituel exprime la réalité profonde du monde physique et ce dernier constitue le support du monde spirituel. C'est la Parole qui permet à ces deux mondes de tenir ensemble. De ce fait, les mots en hébreu couvrent un champ de significations très étendu : de l'objet le plus concret à l'expérience la plus profonde et la plus mystique. Le mot *ruah* par exemple veut dire à la fois « vent », « souffle » et aussi « esprit ». De même, le mot *nephesh* veut dire « gorge ». C'est concrètement l'endroit du corps par lequel passent la nourriture, la parole et la respiration. Par extension, *nephesh* exprime la vie, l'âme. Ainsi, le livre de la Genèse utilise le terme de « gorges vivantes » pour parler des « êtres vivants » (Genèse 1, 20.21.23). On peut remarquer que les traductions de l'hébreu au grec, au latin, puis au français, vont dans le sens de l'abstraction : *nephesh* se traduit par *psyché* en grec, par *anima* en latin, et « âme » en français. Nous sommes loin de l'expérience vitale de la gorge comme lieu de la vie... et pourtant, cette expression est restée dans la langue française sous la forme de : « prendre quelqu'un à la gorge » !

Gestuer, c'est donc expérimenter au plan corporel le lien puissant entre la vie spirituelle et la vie matérielle. S'abaisser, front contre terre dans l'attitude du lépreux et dire : « *Si tu le veux, tu peux me purifier* » (Luc 5, 12) est autrement plus engageant, aussi bien physiquement que spirituellement, que de réciter le Kyrie, « Seigneur, prends pitié », rapidement sans trop y penser, au début de la messe...

• La seconde conséquence de cette relation entre l'homme et Dieu est le sens particulier que la Bible donne au mot « parole ». En hébreu, le mot *dabar* signifie « parole » mais également « événement », « récit », « chose qui s'est passée ». Car la parole rend compte de l'événement, de l'histoire, des choses. Elle n'est donc pas coupée de l'action, elle est action, elle est geste [1]. Lorsque Dieu parle, les choses se réalisent, comme dans le récit de la Création : « *Dieu dit... et il en fut ainsi.* » En Dieu, parole et acte ne font qu'un.

Le peuple hébreu sortant d'Égypte est invité à « faire » la Parole que le Seigneur donne à entendre à Moïse sur le Mont Sinaï (Exode 24, 3). Mais le lien entre la Parole et le geste est si fort qu'un psaume

1. À noter que Marcel Jousse arrivera aux mêmes conclusions dans sa recherche anthropologique.

ira jusqu'à faire précéder la mise en pratique de la Parole au fait de l'entendre : « *Bénissez YHWH, ses messagers, guerriers puissants qui faites sa Parole pour écouter la voix de sa Parole* » (Psaume 103, 20). C'est en mettant en pratique la Parole de Dieu que le croyant peut comprendre ce qu'elle veut dire... Dans les récitatifs bibliques, « mettre en geste » la Parole de Dieu, c'est donc tenir le côté concret du texte hébreu pour pénétrer dans le sens théologique et spirituel. Par exemple, le mot *amen* vient d'une racine hébraïque qui signifie « s'appuyer », « être ferme ». Pour l'exprimer, le geste proposé, le geste FOI, est celui de mettre les mains à plat devant soi en s'appuyant sur quelque chose de solide. Faisant le geste, celui qui récite, petit à petit, découvre qu'adhérer à Dieu, avoir la foi, ce n'est pas avoir un vague sentiment religieux, mais c'est décider de tenir bon, de s'appuyer sur Lui.

La parole est aussi ce qui donne consistance au temps, à ce qui s'est passé dans le temps. Le peuple de la Bible n'est-il pas le peuple des « bâtisseurs du temps [2] » ? Le mot *toledot*, qui introduit les nombreuses généalogies dans la Bible, vient de la racine « enfanter ». Il signifie à la fois « famille » et « histoire ». Énoncer les filiations humaines marque le temps : « *Et voici la famille* [ou *l'histoire*] *d'Adam* » (Genèse 5, 1), « *[...] des fils de Noé* » (Genèse 10, 1), « *[...] de Jacob* » (Genèse 37, 2). Il y a dans la Bible une épaisseur de l'histoire qui est rendue par la parole et rythmée par le mémorial : faire mémoire, c'est actualiser, par la parole, un événement de l'histoire qui est revécu le jour de la célébration. Ainsi, la liturgie pascale juive invite les juifs non seulement à commémorer la sortie de l'esclavage de leurs ancêtres, mais à la vivre aussi pour eux-mêmes. Le rituel pascal dit : « *Aujourd'hui nous sortons d'Égypte.* »

Gestuer la Parole de Dieu est donc tout à fait dans la lignée de la pensée biblique : Dieu se fait connaître par ses œuvres et par sa Parole qui agit. Gestuer n'est pas assimiler des idées sur Dieu, mais entrer dans son action de création et de salut.

Les Écritures

Le peuple juif, le peuple de la parole et du geste, a pourtant mis par écrit les paroles qu'il avait reçues, les événements de son histoire et ceci, à deux moments principaux : pendant les périodes de stabilité politique, et au moment où l'existence du peuple était en péril, pendant la déportation à Babylone (VIe siècle avant J.-C.).

2. Voir le livre d'Abraham Heschel, *Les bâtisseurs du temps*, Paris, Les Éditions de Minuit, 1957.

À ces époques, des traditions orales venant de différents milieux ont été mises par écrit et assemblées. La Bible en garde les traces. Cela se manifeste tout d'abord par le style très particulier des textes : textes rythmés et balancés, structurés pour être mémorisés. Cela est évident pour des textes comme les psaumes, mais c'est aussi vrai pour des récits, des oracles prophétiques et même des textes juridiques [3]. Il y a également une diversité étonnante entre les livres de la Bible. Cette diversité pourrait être comparée à une bibliothèque rassemblant des livres de cuisine, des romans d'amour, des codes de droit et des traités de philosophie sans oublier des livres de poésie.

Par ailleurs, cette mise par écrit de traditions orales très diverses fait apparaître des contradictions à l'intérieur même d'un récit. Ainsi, Joseph a-t-il été vendu par ses frères à des Ismaélites, à l'initiative de Juda, un de ses frères (Genèse 37, 27), par des Madianites aux Ismaélites (Genèse 37, 28) ou bien par des Madianites à Putiphar, un fonctionnaire égyptien (Genèse 37, 36) ? L'auteur biblique n'a pas harmonisé l'ensemble par respect de ces traditions orales, par souci de ne rien perdre de l'expérience de ses ancêtres.

On peut donc constater qu'il ne s'agit pas d'un texte qui serait porteur d'idées, de concepts sur Dieu, mais d'un texte « aide-mémoire », d'un récit porteur d'une parole à interpréter et à mettre en œuvre. Si un certain nombre de prescriptions invite à vénérer l'Écriture, celle-ci n'a jamais eu en Israël le statut d'objet sacré. Elle est sainte parce que Dieu est saint et qu'il a donné sa Parole à Israël. C'est par l'obéissance à la Torah, par la mise en pratique de la Parole de Dieu que le peuple d'Israël peut obtenir le salut pour toutes les nations. Il est intéressant de noter que le mot « Écritures » est d'abord le nom donné à une partie de la Bible juive qui contient les Psaumes, les Proverbes, Job... – les autres parties étant la Torah (le Pentateuque, c'est-à-dire les cinq premiers livres), et les Prophètes. Ensuite, le mot « Écritures » est utilisé pour désigner l'ensemble de la Bible.

Les textes de la Première Alliance sont donc des mises par écrit d'anciennes et diverses traditions orales. Les mémoriser et les gestuer aujourd'hui, c'est renouer avec leur dynamisme originel.

Les deux Torah et les commentaires

Lors de l'exil à Babylone, un courant spirituel a pris naissance au sein du peuple juif : celui des pharisiens. Ceux-ci, contrairement aux

3. Cette question a été développée dans le chapitre 1.

sadducéens qui ne recevaient que le Pentateuque, considéraient que Moïse avait reçu deux Torah au Mont Sinaï :

- une Torah écrite, celle que le Seigneur lui-même avait inscrite sur des tables de pierre ;
- et une Torah orale.

Selon le Talmud [4], cette Torah orale a été transmise à Josué et aux soixante-dix anciens puis aux sages d'Israël. Elle est constituée des commentaires que chaque génération produit autour de la Torah écrite.

La tradition d'Israël interprète un verset du Cantique des Cantiques – « *ton cou dans les colliers* » (Cantique des Cantiques 1, 10) – comme une image de la complémentarité des deux Torah. La beauté de la Torah écrite, comparée au cou de la « fiancée » Israël, est rehaussée par les colliers que sont les commentaires oraux. Cela veut dire que la Bible, la Torah écrite, ne peut être comprise qu'à travers les traditions orales qui l'accompagnent. Ces dernières ont été également mises par écrit. Mais lorsqu'on se penche sur le Talmud, on s'aperçoit vite qu'il est indispensable d'avoir un maître qui introduit à la compréhension de cet océan de commentaires. De même, dans la pratique des récitatifs, le rôle du transmetteur est capital pour ouvrir au sens mais aussi pour susciter les commentaires de chacun à l'intérieur du groupe.

Dans la Nouvelle Alliance et la tradition chrétienne

La mémorisation gestuée trouve également ses fondements dans la Nouvelle Alliance, celle-ci étant à la fois continuité et rupture avec la Première Alliance. En effet, Jésus se présente comme venant accomplir les Écritures et, en même temps, il apporte une nouveauté radicale. Ces deux aspects, continuité et rupture, seront étudiés dans un premier temps. Puis nous examinerons comment des pierres de fondation de la gestuation de la Parole de Dieu se trouvent dans la mise par écrit du Nouveau Testament et la Tradition de l'Église.

4. Le Talmud est une partie de la mise par écrit des commentaires oraux de la Bible.

La continuité

Après des siècles d'« enseignement du mépris[5] » et après la Shoah, les chrétiens sont revenus à une plus juste évaluation de la place du judaïsme dans la compréhension du Nouveau Testament et de la personne de Jésus. Depuis 1942, plusieurs encycliques et textes du magistère invitent les chrétiens à chercher Jésus-Christ dans la connaissance de ses racines juives. De la même manière, un certain nombre de penseurs juifs se sont mis à étudier Jésus comme juif et à reconnaître une partie de son message et de sa vie comme faisant partie de l'héritage juif[6]. C'est en tant que juif que Jésus s'insurge contre l'utilisation mercantile du Temple de Jérusalem, contre une pratique étriquée du Shabbat. C'est en tant que fils de la Torah qu'il respecte les fêtes de pèlerinage, qu'il célèbre la Pâque juive.

Jésus le dit lui-même : « *Ne croyez pas que je suis venu détruire la Loi ou les Prophètes, je ne suis pas venu détruire mais accomplir* » (Matthieu 5, 17).

Jésus est appelé « Rabbi » par ses contemporains et il se comporte comme tel : il forme des disciples, argumente avec des maîtres en Israël, utilise les mêmes procédés d'interprétation qu'eux. Il excelle dans les paraboles, manière souple et concrète d'enseigner en renvoyant son interlocuteur ou disciple à sa responsabilité par une question finale : « *Lequel des deux a fait la volonté du Père ?* » (Matthieu 21, 31) ou bien encore : « *Lequel de ces trois te semble avoir été le prochain de celui qui était tombé sur des brigands ?* » (Luc 10, 36). Ses récits de paraboles sont si importants qu'un chercheur comme David Flusser n'hésite pas à dire que « Jésus est un témoin important de cette littérature rabbinique à ses débuts[7] ».

Jésus est tout à fait à l'aise dans l'univers juif de son époque et tout ce qui a été dit précédemment sur la Première Alliance comme fondement de la mémorisation est applicable à son enseignement.

5. Selon l'expression de Jules Isaac, promoteur de nouvelles relations entre juifs et chrétiens après la Seconde Guerre mondiale.

6. On peut lire à ce sujet du côté chrétien : Michel Remaud, *Évangiles et tradition rabbinique*, Bruxelles, Lessius, 2003 ; du côté juif : Jacquot Grunewald, *Chalom Jésus*, Paris, Albin Michel, 2000.

7. Cité dans Salomon Malka, *Jésus rendu aux siens*, Paris, Albin Michel, 1999, p. 93.

La rupture

Partant de la pensée juive, il est possible de repérer les vrais lieux de la rupture apportée par Jésus. Il ne s'agit pas des discussions autour du Temple ou du Shabbat, ni du bien fondé de telle ou telle attitude ; ces discussions avaient déjà lieu à l'intérieur du judaïsme pharisien. Jésus opère une rupture radicale avec le judaïsme dans la mesure où il ne se réfère pas à une lignée de maîtres qui remonterait jusqu'au Sinaï et au don de la Torah orale. Il parle du Père du Ciel comme de Celui qui l'a envoyé, sans médiation. En même temps, il se laisse toucher par les impurs, il mange avec les pécheurs et il est bouleversé par les foules qu'il estime délaissées. Cette double proximité avec Dieu et avec les pauvres sera jugée intolérable par les pouvoirs religieux et politiques en place.

La radicalité du message évangélique réside dans le fait que l'accès à Dieu n'est plus offert à travers la médiation du peuple juif et de son observance de la Torah, mais à travers le corps du Christ. La communion à Dieu, en Dieu, est possible par la communion en Christ, Parole de Dieu qui a pris chair.

Pour les chrétiens, Jésus-Christ devient alors la clé d'interprétation de toute la Bible. C'est dans sa personne que s'accomplissent toutes les Écritures.

Gestuer la Parole de Dieu, ce n'est plus seulement intérioriser une Parole en faisant participer le corps, ni, comme dans la Première Alliance, « manger » en tant que disciple l'enseignement du maître. Gestuer est désormais participation au Seigneur. Mémoriser avec son corps, son cœur et son intelligence, c'est entrer en communion avec Celui qui n'a pas craint de prendre un corps, c'est se laisser transformer, habiter par Lui. C'est, par analogie, donner corps à la Parole, c'est livrer son propre corps, sa propre vie pour que l'Église se constitue comme Corps du Christ. Cette expérience rejoint le mystère profond de l'eucharistie. Lorsque le prêtre dit les paroles de la consécration, « Ceci est mon corps... Ceci est mon sang... », il s'engage complètement dans cette parole et dans ce geste. Il actualise les paroles et les gestes de Jésus dans sa propre vie. C'est le prêtre qui parle et qui agit. Ce faisant, il permet à l'Esprit Saint de rendre Jésus-Christ présent dans le pain et dans le vin devenus Corps et Sang du Christ. Si les chrétiens croient en l'incarnation de Jésus-Christ comme Parole de Dieu, ils croient aussi que la Parole, d'une certaine manière, peut habiter chacune de leur existence par l'action du Saint-Esprit « *Si quelqu'un m'aime, il gardera ma parole, et mon Père l'aimera et nous viendrons vers lui et nous ferons chez lui notre demeure* » (Jean 14, 23). Ici nous sommes au point central de l'expérience des récitatifs bibliques.

Ceux qui gestuent deviennent la « famille de Jésus ». Jésus ne dit-il pas : « *Ma mère et mes frères sont ceux qui entendent et qui font la Parole de Dieu* » (Luc 8, 19) ? La Bible invite constamment à élargir la fraternité de sang des familles humaines à une fraternité universelle bâtie sur la Parole. Dans le passage cité précédemment, Jésus va plus loin en proposant à ceux qui écoutent et font la Parole de devenir porteurs de cette Parole, de sorte qu'elle soit enfantée au monde. Maurice Zundel écrit : « C'est cela, être chrétien : être la mère du Christ, lui donner un berceau tout neuf dans notre cœur en suscitant la vie dans l'âme des autres. [...] C'est cela le christianisme : entrer dans la vocation de Marie et, comme elle, devenir le vivant berceau de Jésus[8]. »

L'élaboration des évangiles et la tradition de l'Église

La parole et les gestes de Jésus ne nous sont parvenus que par des écrits, des mises par écrit que les premières communautés de chrétiens ont réalisées dans une autre langue (le grec) et dans un autre univers culturel que celui où Jésus a vécu. En effet, le Nouveau Testament a été écrit après la mort de Jésus et après l'expérience que les apôtres ont faite de Jésus Ressuscité. Cela veut dire qu'il nous faut abandonner l'illusion que nous pourrions totalement rejoindre le Jésus de l'histoire et décider nous-mêmes de ce qui est authentique ou non, comme certains commentateurs ont tenté de le faire à une époque. Le Nouveau Testament est la mise par écrit du témoignage des premiers chrétiens qui se sont rappelé les paroles et les gestes de leur maître parce qu'ils faisaient l'expérience du Christ vivant parmi eux et agissant dans le monde par son Esprit. Mémoriser des récitatifs de la Nouvelle Alliance, ce n'est donc pas retrouver directement les gestes et la Parole de Jésus, mais bien entrer dans l'expérience croyante des premiers chrétiens qui se remémoraient Jésus devenu Seigneur par sa mort et sa résurrection.

C'est exactement ce qui se passe quand Paul écrit : « *Je vous transmets ce que moi-même j'ai reçu : "la nuit qu'il fut livré, le Seigneur Jésus prit du pain [...] : faites ceci en mémoire de moi."* » (1 Corinthiens 11, 23-25). Paul, qui n'a pas connu Jésus de son vivant, met par écrit ce qu'il a reçu oralement et invite à partir de cet écrit à oser poser le geste de l'eucharistie du Seigneur, geste que ce même Seigneur avait demandé de faire en mémoire de lui.

8. Maurice Zundel, *Silence, parole de vie*, Québec, Éditions Anne Sigier, 1990, p. 120-121.

Que dire de la mise par écrit des évangiles ? Tous les commentateurs sont d'accord pour dire qu'il y eut une période de transmission orale d'au moins quarante ans après la mort et la résurrection du Christ. Ce temps d'élaboration et de fixation des premiers récits oraux est peu connu. Pourtant, c'est à ce moment-là que tous les matériaux des futurs écrits se sont constitués. Ils étaient si prégnants que, par la suite, les rédacteurs n'ont pas pu mettre de côté certains aspects qui auraient pu gêner les communautés naissantes comme, par exemple, l'importance du rôle des femmes dans la vie de Jésus ou bien encore la difficulté à croire des apôtres, la trahison de Pierre. Les récits oraux furent organisés autour des grandes étapes de la vie de Jésus : la Passion, la mort et la résurrection à Jérusalem d'une part, l'enseignement en Galilée d'autre part, avec d'autres récits, notamment les récits de l'enfance. Ces récits eurent leur vie propre en fonction des communautés auxquelles ils s'adressaient.

Puis, vinrent les mises par écrit dans les années soixante-dix, après la chute du Temple de Jérusalem. Eusèbe de Césarée, premier des historiens de l'Église, rapporte à ce propos une parole de Clément d'Alexandrie, mort en 215 : « Pierre annonçait la Parole publiquement à Rome, et proférait l'Évangile dans l'Esprit. Ceux qui étaient présents, et ils étaient nombreux, demandèrent à Marc, vu qu'il l'accompagnait depuis longtemps et qu'il se souvenait des choses dites, d'écrire les choses dites. Il le fit et donna l'évangile à ceux qui le lui demandaient. Pierre, l'ayant appris, ne fit rien ni pour l'empêcher ni pour pousser ce projet[9]. »

L'utilisation du mot « évangile » a, dans ce texte, deux sens : il désigne l'annonce de la Bonne Nouvelle et aussi le livre, la mise par écrit qui la contient. Ces deux sens ont été maintenus jusqu'à nos jours. Il est à noter que Pierre ne désapprouve ni n'encourage cette démarche. En fait, il permet là une énorme transgression par rapport à la culture juive dans la mesure où ce qui était oral devait rester oral et ce qui était écrit devait rester écrit[10]. Pour Pierre, la vraie fiabilité dans la transmission de la Parole est plutôt la mémoire humaine. Dans le même traité, Eusèbe reprend les paroles de Papias, évêque de Hierapolis, qui vers la fin du Ier siècle ne cessait d'interroger les paroles des anciens, contemporains du Christ : « Ce que l'on tire des livres n'est pas aussi utile, me semble-t-il, qu'une voix vivante et

9. *Histoire Ecclésiastique*, Paris, Le Cerf, coll. Sagesses, 2003, tome 41, p. 106.
10. Le judaïsme fera la même chose en mettant par écrit le Talmud et les Targoums (traduction de la Torah en araméen pour l'usage synagogal).
11. *Histoire Ecclésiastique*, *op. cit.*, p. 154.

perdurable [11]. » Pierre accepte la mise par écrit comme aide-mémoire, comme support d'une Parole vivante et agissante. Cet élément justifie à lui seul la mémorisation orale et gestuée de l'Évangile.

Cependant il ne faudrait pas minimiser l'apport capital qu'a été la mise par écrit. Il ne s'agissait pas seulement de sauver le patrimoine chrétien, mais d'opérer une deuxième vague d'interprétation après celle déjà effectuée lors de l'élaboration des récits oraux. Par exemple, il est évident que le récit du retour à la vie du fils de la veuve de Naïm (Luc 7, 11) anticipe, annonce la résurrection du Christ. La mise par écrit, si elle a été « formatée » par des récits oraux déjà bien charpentés, a aussi été l'occasion d'une actualisation en fonction des communautés et des événements auxquels ces communautés étaient confrontées. Ainsi, la chute de Jérusalem en l'an 70 a obligé les premières communautés chrétiennes à revoir leur positionnement par rapport au courant pharisien, seul courant ayant échappé à la destruction du temple. On en perçoit des traces dans l'évangile de Matthieu notamment dans les invectives de Jésus contre les pharisiens (Matthieu 23). La tradition chrétienne a toujours affirmé que l'Esprit, qui a présidé à la mise par écrit, préside également à la lecture. C'est ce même Esprit qui pousse les croyants à mettre en œuvre, et peut-être en gestes, la Bonne Nouvelle de Jésus-Christ.

Gestuer les textes de la Bible, c'est d'une certaine manière parcourir le chemin inverse de leur élaboration. De récits oraux qu'ils étaient, ils sont devenus écrits, aide-mémoire offerts par l'Église. En effet, c'est la communauté des croyants, antérieure aux Écritures, qui les donne au monde. C'est pour cela que nous les recevons telles que l'Église les donne. Pour que ces Écritures restent Paroles vivantes, il est nécessaire que chaque génération puisse les interpréter et les mettre en pratique. Gestuer est une manière de se rendre disponible à l'Esprit Saint qui réalise la présence du Christ aujourd'hui à travers le corps, le cœur et l'intelligence des croyants, Peuple de Dieu, et à travers l'Église qui est le Corps du Christ.

Chapitre 5

Les fondements anthropologiques de la transmission orale et gestuée

De la même façon que les récitatifs puisent leurs raisons d'être dans la Bible, ils trouvent leur fondement dans une véritable anthropologie.

Tout au long de cet ouvrage, il a été rappelé que transmettre oralement et gestuellement la Parole de Dieu n'était pas quelque chose de superficiel, d'extérieur à l'humain. Il n'est pas anodin en effet de faire participer le corps à la réception de la Parole de Dieu et à sa mise en geste. Car si le corps est touché, c'est l'être humain tout entier qui est touché. Si les récitatifs conservent leur force et leur pertinence à travers le temps, c'est parce qu'ils sont fondés sur des dynamismes humains que les travaux de Marcel Jousse ont mis en lumière. Toute sa vie, cet homme de sciences a été hanté par ces questions : « Qu'est-ce que la parole humaine ? Qu'est-ce que le geste humain ? » Cherchant à y répondre, il a été amené à définir des lois anthropologiques fondamentales.

L'œuvre de Jousse est immense et touche toutes les disciplines des sciences humaines. Ce chapitre établit de façon simple les liens existant entre la recherche de Marcel Jousse et les récitatifs, en s'appuyant sur ce qui constitue le cœur de sa pensée, à savoir la loi du mimisme humain. Cette loi rend compte de la manière dont l'être humain se situe dans et face au monde. Nous verrons comment elle fonctionne et comment elle est liée à deux autres mécanismes humains, le bilatéralisme et le formulisme.

L'être humain, un être « mimeur »

Jousse reprend la pensée du philosophe français Henri Bergson (1859-1941) sur le cosmos. Il le définit comme un jeu infini d'interactions qui se meuvent dans l'univers. Rien n'est isolé. Tout est énergie en mouvement.

Dans l'univers, l'humain n'est pas isolé non plus. Il est pris lui aussi dans ces interactions que Jousse va appeler « gestes interactionnels ». On voit ici que le concept de « geste » pour Jousse ne se limite pas à une activité musculaire humaine. Il s'agit plutôt de mouvements, de phénomènes qui agissent dans l'univers.

Mais l'être humain est particulier dans l'univers : disposant d'une conscience, il va transformer ces « gestes interactionnels » en « gestes propositionnels ». La pensée de Marcel Jousse pourrait se résumer ainsi : l'être humain ne se définit pas par sa capacité à penser le réel, mais par sa capacité à « mimer le réel ». L'acte d'intelligence est un acte de prise de conscience. L'humain ne connaît pas le monde en sortant de lui-même et en le prenant, en l'observant de l'extérieur mais en le rejouant en lui. L'homme n'est pas un animal rationnel pensant, « mais un animal interactionnellement mimeur [1] ». Le vrai laboratoire de l'homme, c'est le « rejeu » qu'il fait des gestes de l'univers.

Comment le fait-il ? Par le « mimisme humain ». L'être humain est un être mimeur, non parce qu'il copie le réel, mais parce qu'il en prend conscience. Alors, il le fait sien et le transforme en Histoire. C'est ainsi qu'il existe. Il stoppe en lui le mouvement aveugle et incessant du monde pour en faire mémoire et lui donner du sens. C'est là que réside la grandeur de l'homme : le geste humain devient signe.

Le mimisme s'opère en trois étapes :

• Il y a d'abord la réception des éléments du monde. Là, les cinq sens ont une importance capitale. Connaître les choses par l'expérience concrète, goûter, sentir, toucher, entendre, voir est autre chose que d'avoir des idées sur les objets. Les sociétés occidentales ont privilégié la vue au détriment des autres sens alors que d'autres sociétés ont su garder l'art des arômes, du toucher.

Dans les récitatifs, même si la personne qui gestue n'est pas en contact avec la matière concrète, les gestes qu'elle fait l'obligent à prendre conscience de la grande richesse de ses sens et de l'aspect incarné de la Parole de Dieu. Ainsi, dans le récit de la guérison du lépreux, Jésus pose des gestes très précis qui marquent la proximité qu'il a avec le malade : « *Et Jésus étendant la main, le toucha en disant...* » (Luc 5, 13). Dans le récitatif, la main droite vient toucher, caresser l'autre main. Un vieux missionnaire qui avait travaillé longtemps dans une léproserie en Afrique s'exclama tout ému : « Il l'a touché ! Il l'a touché ! » Lui, qui avait rencontré de nombreux lépreux, n'avait pas réalisé que Jésus avait vraiment touché le lépreux. De même, dans le récit du sourd à la parole difficile, nous gestuons « *Puis il crache et touche sa langue* » (Marc 7, 33) : le geste de toucher la bouche puis la peau nous fait réaliser l'étrangeté de l'attitude de Jésus.

1. Marcel Jousse, *L'anthropologie du geste*, Paris, Gallimard, 1974, p. 55.

• Il y a ensuite l'intériorisation. Jousse parle de « rejeu intérieur », d'incorporation. L'être humain, à l'intérieur de lui-même, s'approprie les mouvements du monde, les gestes des autres humains mais avec ce qu'il a de particulier : sa culture, son âge, sa condition sociale, sa langue, son histoire personnelle, ses blessures et ses forces... Il n'est donc pas étonnant de constater que les récitatifs ne résonnent absolument pas de la même façon en chacun de ceux qui apprennent. Par exemple, un groupe apprenait le récit de la guérison de Bartimée. Lorsque Jésus l'invite à venir vers lui, Bartimée « *jette son manteau, se dresse à nouveau et va vers Jésus* » (Marc 10, 50). La proposition de geste est à ce moment-là de marcher les yeux fermés parce que Bartimée va vers Jésus alors qu'il est encore aveugle. Une jeune femme se met à pleurer et sort de la pièce. Le soir, dans son groupe de partage, elle dit : « Faire ce geste a été douloureux pour moi parce que je me suis rendu compte que j'étais aveugle, qu'il y a des choses que je ne voulais pas voir dans ma vie... »

• Et enfin, troisième étape, il y a l'expression de ce « rejeu ». L'homme va faire surgir quelque chose de neuf de ce qu'il aura compris à l'intérieur de lui, des choses du monde, avec son expérience propre. Il s'agit là d'un processus d'interprétation qui s'exprime en acte, en création, en paroles... Il donne un sens, une signification et une direction aux événements du monde qui pourraient le submerger.

L'ensemble de ce mouvement d'appropriation et d'expression du réel s'exprime de façon imagée dans la Bible : « *Comme la pluie ou la neige descendent du haut des cieux et ne retournent pas là-haut sans avoir abreuvé la terre, sans l'avoir fécondée et fait germer [...] ainsi ma Parole [...]* » (Isaïe 55, 10). La parole abreuve, imbibe la terre, c'est-à-dire l'être humain ; elle féconde dans le secret et puis germe, fait sortir une nouvelle création. Isaïe était un vrai anthropologue ! Il avait compris le cycle de l'apprentissage qui est tout simplement celui de la vie.

Ainsi, l'être humain ne se met pas en dehors du monde pour l'étudier et le comprendre, mais il le reçoit en lui pour en prendre conscience et pour le transformer.

La loi du mimisme joue dans la globalité de l'être humain. De la même manière que tous les éléments du cosmos agissent les uns sur les autres, tous les éléments qui composent l'être humain agissent, ensemble, les uns sur les autres. L'être humain est à la fois global et composé. Il n'a pas un corps et une âme. Il est corps et âme. Il est un être physique, psychique et spirituel. Tous ces éléments participent à la prise de conscience des gestes intériorisés du monde. La pensée et l'action sont l'expression de cette prise de conscience. C'est pour cette raison que l'apprentissage des récitatifs se fait de manière globale, quand le corps, l'affectivité, l'acte de foi et d'intelligence sont mobilisés ensemble. De nombreuses personnes témoignent de la prise de conscience qu'elles font de leur unité profonde dans cet acte.

Le mimisme humain tient compte de la structure de l'être humain et s'appuie sur les deux autres lois anthropologiques mises en évidence par Marcel Jousse, celle du bilatéralisme et celle du formulisme.

Le bilatéralisme de l'être humain

« L'être humain est un être à deux battants. La loi anthropologique du bilatéralisme se saisit dans la structure même de l'homme [2]. »

Nous avons deux jambes, nous avons deux mains. La marche, comme toute activité corporelle, met le corps en mouvement ; et pas seulement le corps, mais l'être tout entier. Marcel Jousse disait que si l'être humain était rond, il penserait différemment. L'être humain pense dans un rythme, dans un balancement qui le fait choisir une idée plutôt qu'une autre, rejeter un projet plutôt qu'un autre. Il pense mais il vit, respire, crée, parle dans un balancement, du fait de sa structure bilatérale. Celle-ci joue dans le mimisme : l'humain ne pourrait pas recevoir tous les éléments du monde sans les trier, sans les filtrer par le balancement, sinon il en serait écrasé. Il en est de même pour le rejeu intérieur et pour la ré-expression. « La loi du partage tend au "portage" dans l'expression gestuelle et orale, car le balancement facilite l'expression [3]. »

Le corps de l'humain sépare l'espace et le détermine en balancement : droite et gauche, avant et arrière, bas et haut. Selon Marcel Jousse, chaque humain est le centre d'un monde...

Il en est de même pour le temps. C'est l'humain qui, par sa conscience, fait la part entre le passé et le futur. Il est humain parce qu'il peut décider de vivre dans le présent. Dans les récitatifs, le geste « aujourd'hui » est le même que le geste « sage ». Savoir vivre au présent, c'est être sage, c'est être humain. Lorsque nous récitons, nous l'expérimentons : réciter, c'est faire advenir un texte appris dans le passé. C'est créer en soi un espace et un temps d'accueil du futur avec confiance. C'est en ce sens que faire mémoire n'est pas seulement se souvenir, mais actualiser un événement passé qui vient. C'est le sens de la prière de l'anamnèse qui suit la consécration dans

2. Marcel Jousse, *L'anthropologie du geste*, *op. cit.*, p. 303.
3. *Ibid.*

l'eucharistie : « Nous rappelons ta mort, Seigneur Jésus, nous célébrons ta résurrection, nous attendons ta venue dans la gloire. »

Le bilatéralisme n'est pas un mécanisme rigide et froid. Il comporte un moment de risque, d'incertitude comme au moment où un balancier repart dans l'autre sens, un moment de déséquilibre où rien n'est joué, où la vie et la nouveauté peuvent surgir et s'épanouir.

Le formulisme

Dans l'histoire, l'effort humain a consisté à faciliter la vie. Le développement de l'artisanat et de l'agriculture a été une recherche continuelle pour diminuer la peine des hommes. Le formulisme correspond à ce même phénomène au plan anthropologique : « Les gestes de l'homme, qu'ils soient conscients ou inconscients, tendent à se rejouer et vont d'eux-mêmes à une stéréotypie qui facilite l'expression et la mémorisation[4] ». Ou, comme le rappelle un dicton : « La loi du moindre effort est une source de progrès. »

L'être humain ne peut pas inventer chaque matin. Il va retenir et transmettre les gestes et les formules les plus efficaces pour réaliser ses projets. Toute l'évolution de l'artisanat et des techniques en est l'illustration : art de tailler la pierre, faire du feu, construire, jusqu'aux protocoles industriels ou médicaux.

De même, chaque culture a forgé un ensemble de formules orales : sentences de sagesse, contes, récits mythiques... Ainsi se constitue un patrimoine de savoir-faire et de formules qui permettent à l'homme de s'adapter à de nouvelles circonstances.

L'être humain va pouvoir faire jouer ces formules dans d'infinies combinaisons et, comme le maître de maison dont parle Jésus : *« tirer de son trésor du neuf et de l'ancien »* (Matthieu 13, 52). Ainsi, dans le domaine de la tradition orale, les formules peuvent s'enrichir de siècles et siècles dans la mesure où ceux qui en sont porteurs osent les faire jouer pour leurs contemporains. Par exemple, toutes les formules du « Notre Père » (Matthieu 6, 9-13), sont déjà présentes dans la Première Alliance et sa structure est celle de la prière juive : louange - demande - louange. Pourquoi est-elle devenue la prière des chrétiens ? Grâce à l'agencement nouveau que Jésus a fait de ces formules anciennes. Cette composition retrace le parcours du Christ, parcours que nous retrouvons aussi dans l'hymne aux Philippiens (2, 5-11) : de Dieu qu'il était, Jésus est descendu dans l'épaisseur

4. *Op. cit.*, p. 329.

humaine jusqu'à l'affrontement avec le mal. La doxologie finale, prière de louange, exprime le retour au Père et son exaltation.

Dans les récitatifs, les formules apprises vont pouvoir jouer à l'intérieur de celui qui a mémorisé. Elles vont lui permettre de combiner des agencements nouveaux et de répondre à des situations nouvelles.

Les trois lois anthropologiques de Marcel Jousse donnent une place essentielle à la parole. L'expression humaine, qui au départ est globale, va se spécialiser dans le mouvement des cordes vocales et de la bouche. Pour Jousse, parler demeure un geste. Parler, c'est exprimer les gestes de l'univers que l'humain a intériorisés. Puisqu'il s'agit d'un geste, parler c'est aussi agir sur le monde. Le grand pédagogue brésilien, Paulo Freire, n'ira-t-il pas jusqu'à dire : « Prononcer une parole authentique c'est changer le monde [5]. » Encore faut-il que cette parole soit l'expression d'une prise de conscience globale de l'homme, en phase avec le réel. Gestuer la Parole est donc tout à fait cohérent avec la structure de l'être humain, avec le rôle qu'il a dans le monde. Gestuer la Parole, ce n'est pas surajouter des gestes par esthétisme, c'est se rendre disponible au dynamisme de la vie, c'est entrer dans le chant du monde.

5. Paulo Freire, *Pédagogie des opprimés*, Paris, La Découverte, Petite collection Maspero, 1982, p. 71.

Ouverture

Dakar, Sénégal, été 2009. La session de mémorisation se termine. Nous faisons le bilan avec une quarantaine de catéchistes de la paroisse de Sainte-Bakhita. À la fin de la rencontre, six jeunes du quartier de Dalifort s'approchent et disent : « Nous avons appris la Parole de Dieu avec vous. À notre tour de vous partager ce que nous avons composé cette nuit. Pour que vous sachiez que quelque chose a commencé et que cela va continuer. » Et ils se mettent à gestuer un passage de l'Apocalypse : « *Ces gens revêtus des robes blanches qui sont-ils et d'où viennent-ils ? [...] Ils viennent de la grande épreuve et ils ont lavé leurs robes et ils les ont blanchies dans le sang de l'Agneau* » (Apocalypse 7, 13). Ce n'est pas la parole biblique la plus abordable, le récitatif le plus simple, celui que nous aurions créé en premier. Pourtant c'est celui-ci que ces jeunes, à la fois graves et joyeux, ont choisi. Ils ont compris que cette Parole de Dieu était pour eux, qu'ils pouvaient la recevoir et aussi la transmettre. La Parole prenait corps pour eux, dans leur réalité, sur cette terre d'Afrique où la vie est si puissante et si difficile à la fois, sur cette terre où l'oralité a tant d'importance. Ils précisaient également : « Les récitatifs bibliques, ça ne coûte pas cher. Il n'y a pas besoin de matériel. On vient avec son cœur et on apprend. »

En cela, ils rejoignaient l'expérience du sage Ben Sira : « Et moi, dernier, j'ai veillé comme grappilleur derrière vendangeurs. Par la bénédiction du Seigneur, j'arrive premier et comme vendangeur j'ai rempli le pressoir. Reconnaissez que j'ai peiné, pas pour moi seul mais pour tous les chercheurs d'instruction » (Siracide 33, 16-18).

Depuis des siècles, les croyants méditent et « ruminent » la Bible pour y entendre la Parole de Dieu. Nous venons nous aussi, par la pratique des récitatifs bibliques, « grappiller » à la suite des vendangeurs. À cette vigne, nous avons bu et son vin est un vin de joie !

Le concile Vatican II (1962-1965) a réouvert aux croyants le chemin des Écritures. Près de cinquante ans après, nous sortons d'une lecture parfois desséchante de la Bible pour entrer dans une lecture plus savoureuse. Le rassemblement « Ecclésia » à Lourdes, organisé par l'Église de France en octobre 2007, a invité toutes les communautés à « Ensemble servir la Parole de Dieu ». Dans cet élan, de nombreux diocèses ont ouvert des chantiers pour redonner à la Parole de Dieu une place centrale dans la vie et le cœur des croyants. De multiples initiatives voient le jour, et témoignent d'une soif de la Parole de Dieu, comme par exemple un goût retrouvé pour la *Lectio Divina*, forme très ancienne de lecture priante de la Bible.

Dans ce même esprit, Benoît XVI a convoqué, à l'automne 2008, un synode sur « La Parole de Dieu dans la vie et dans la mission de l'Église ».

Dans les Actes des apôtres, il est dit à plusieurs reprises que « *la Parole de Dieu croissait et se multipliait* » (Actes des apôtres 6, 7 ; 12, 24 ; 19, 20). Cette expression est curieuse. On la retrouve pour parler de la communauté des croyants qui « *croît et se multiplie* ». Elle montre le lien fondamental entre la vitalité des communautés chrétiennes et leur capacité à commenter la Parole, à la faire fructifier. Le renouveau de l'Église passe par la redécouverte de ce goût pour la Parole. Puissent ce livre et ce DVD contribuer à l'élan actuel de l'Église. Qu'ainsi beaucoup se réjouissent de voir la Parole prendre corps.

Dans l'action de l'Esprit Saint, les croyants vivent et interprètent de façon toujours nouvelle les paroles et les gestes du Christ jusqu'à ce qu'Il vienne récapituler toutes choses, donner le sens plénier des Écritures et nous mener au Père.

« *Le Souffle et l'Épouse disent "Viens". Que celui qui entend dise "Viens". [...] Amen, viens Seigneur Jésus* » (Apocalypse 22).

Annexes

Annexe 1

L'association « Parole et Geste »

La communauté du Sappel, créée à Lyon en 1989, pour faire entendre la voix des plus pauvres au sein de l'Église, utilise les récitatifs bibliques avec les familles qu'elle rencontre. Dans cette impulsion, des groupes rassemblant des personnes d'origines diverses se constituent pour mémoriser la Parole de Dieu. Cette dynamique conduit à la création en 2005 de l'association « Parole et Geste » qui produit et diffuse des récitatifs.

Au sein de l'association, le « laboratoire », un groupe de travail restreint, reprend des récitatifs de sources diverses et engage tout un travail de recherche sur de nouveaux textes (traductions, balancements, musique, gestes).

Par ailleurs, l'association forme des transmetteurs pour animer des groupes locaux de mémorisation, propose des sessions de formation, des temps de retraite spirituelle à partir des récitatifs...

À ce jour, l'association compte une centaine de membres, touche environ six cents personnes par an, anime seize groupes réguliers de mémorisation, et répond à une vingtaine de demandes par an à travers toute la France (journées de découverte, sessions de formation, retraites...).

Parole et Geste

« Parole et Geste »
5, Les Hauts de Clonas
38 550 Clonas-sur-Varèze
Tél. : 04 74 84 98 39
Mail : parole.et.geste@gmail.com
Site : www.parole-et-geste.org

Annexe 2

Les autres réseaux de mémorisation

Différents réseaux pratiquent la mémorisation gestuée de la Parole de Dieu, chacun selon son histoire, sa sensibilité et sa pédagogie. Pour élargir la découverte, voici une liste de contacts possibles :

• Association Jousse :
www.marceljousse.com

• Fraternité Saint-Marc :
http://fraternitesaintmarc.free.fr

• Institut Européen de mimo-pédagogie :
www.mimopedagogie.com

• Pierre Scheffer
Communauté jésuite
9, rue Raynouard
75016 Paris

• Association Canadienne de Récitatifs Bibliques :
www.recitatifbiblique.com

Annexe 3

Bibliographie

Niveau de lecture
facile : *
moyen : **
difficile : ***

Gabrielle BARON (*), *Mémoire vivante, vie et œuvre de Marcel Jousse*, Paris, Le Centurion, 1981, 2e édition.

Pierre SCHEFFER (*), *La Parole, notre amie*, Castanet, Christ Source de vie, 1984.

Salomon MALKA (*), *Jésus rendu aux siens*, Paris, Albin Michel, 1999.

Enzo BIANCHI (*), *Prier la Parole, une introduction à la* Lectio Divina, Godewaersvelde, Abbaye de Bellefontaine, coll. Vie monastique, n° 15, 1991.

Matthieu COLIN, Pierre LENHARDT, (**), *La Torah orale des pharisiens*, Paris, Le Cerf, coll. Cahier évangile, 1990.

Bernard FRINKING (**), *La Parole est tout près de toi. Apprendre l'Évangile pour apprendre à le vivre*, Paris, Bayard/Le Centurion, 1996.

Claude PAIRAULT (**), « Le prophète Marcel Jousse », *Études*, septembre 1983, p. 231 à 243.

Marcel JOUSSE (***), *L'anthropologie du geste* (contient aussi *La manducation de la parole* et *Le Parlant, la Parole et le Souffle*), Paris, Gallimard, 2008.

Michel REMAUD (***), *Évangiles et tradition rabbinique*, Bruxelles, Lessius, 2003.

Index thématique

Alliance

Mt 1, 23 — L'Emmanuel . . . . p. 58
Jn 14, 23 — Si quelqu'un m'aime... . . . . p. 114
Ap 22, 17.20 — Le Souffle et l'Épouse... . . . . p. 120

Amour

Lc 10, 25-28 — Le légiste . . . . p. 93
Lc 6, 27-28 — Aimez vos ennemis... . . . . p. 88
Jn 13, 34-35 — Le commandement nouveau . . . . p. 112
Jn 14, 23 — Si quelqu'un m'aime... . . . . p. 114

Appel/Annonce/Vocation

Gn 12, 1-4 — L'appel d'Abram . . . . p. 43
Is 61, 1-2a — Le Messie . . . . p. 48
Mc 3, 13-15 — L'appel des Douze . . . . p. 80

Avent

Mt 1, 23 — L'Emmanuel . . . . p. 58
Ap 3, 20 — Voici je me tiens à la porte... . . . . p. 118

Baptême

Gn 1, 1-5 — Le commencement . . . . p. 38
Mt 5, 13-16 — Le sel et la lumière . . . . p. 62
Mt 7, 24-27 — Les deux maisons . . . . p. 68
Mc 3, 13-15 — L'appel des Douze . . . . p. 80
Lc 8, 19-21 — La famille de Jésus . . . . p. 90
Jn 3, 8 — Le souffle... . . . . p. 104
Jn 7, 37-39 — Le dernier jour de la fête... . . . . p. 106
Jn 8, 12 — Jésus, lumière du monde . . . . p. 108
Jn 12, 24 — Le grain de blé... . . . . p. 110

Bénédicité

Dt 8, 3 — L'homme vivra... . . . . p. 46
Ap 3, 20 — Voici je me tiens à la porte... . . . . p. 118

Bénédiction
Gn 12, 1-4 L'appel d'Abram . . . . p. 43
Lc 6, 27-28 Aimez vos ennemis... . . . . p. 88

Carême
Os 6, 6 C'est la miséricorde... . . . . p. 52
Mi 6, 8 On t'a fait savoir... . . . . p. 54
Mt 20, 18-19 Annonce de la Pâque de Jésus . . . . p. 74
Mc 12, 41-44 L'obole de la veuve . . . . p. 82

Combat/Adversité
Mt 7, 24-27 Les deux maisons . . . . p. 68
Lc 6, 27-28 Aimez vos ennemis... . . . . p. 88

Commandement/Loi
Mt 21, 28-31 Les deux fils . . . . p. 77
Lc 10, 25-28 Le légiste . . . . p. 93
Jn 13, 34-35 Le commandement nouveau . . . . p. 112

Communauté/Pères/Église
Lc 8, 19-21 La famille de Jésus . . . . p. 90
Jn 13, 34-35 Le commandement nouveau . . . . p. 112

Confiance
Mi 6, 8 On t'a fait savoir... . . . . p. 54
Luc 11, 9-13 Demandez... . . . . p. 96
Jn 20, 30-31 Les signes . . . . p. 116

Confirmation
Is 61, 1-2a Le Messie . . . . p. 48
Mt 7, 24-27 Les deux maisons . . . . p. 68
Lc 10, 25-28 Le légiste . . . . p. 93
Jn 3, 8 Le souffle... . . . . p. 104
Jn 7, 37-39 Le dernier jour de la fête... . . . . p. 106

Conversion/Réconciliation
Os 6, 6 C'est la miséricorde... . . . . p. 52
Mi 6, 8 On t'a fait savoir... . . . . p. 54
Mt 21, 28-31 Les deux fils . . . . p. 77
Lc 15, 4-10 La brebis et la drachme . . . . p. 101

Création
Gn 1, 1-5 Le commencement .... p. 38
Gn 2, 7 Le terreux .... p. 41
Pr 30, 4 Qui est monté aux cieux... .... p. 56
Jn 3, 8 Le souffle... .... p. 104

Disciples
Mt 5, 13-16 Le sel et la lumière .... p. 62
Lc 8, 19-21 La famille de Jésus .... p. 90
Jn 8, 12 Jésus, lumière du monde .... p. 108
Jn 13, 34-35 Le commandement nouveau .... p. 112

Espérance/Promesse
Gn 12, 1-4 L'appel d'Abram .... p. 43
Is 61, 1-2a Le Messie .... p. 48
Mt 1, 23 L'Emmanuel .... p. 58
Mt 13, 44-46 Le trésor et la perle .... p. 71
Jn 7, 37-39 Le dernier jour de la fête... .... p. 106
Jn 14, 23 Si quelqu'un m'aime... .... p. 114
Ap 3, 20 Voici je me tiens à la porte... .... p. 118

Esprit/Souffle
Gn 1, 1-5 Le commencement .... p. 38
Gn 2, 7 Le terreux .... p. 41
Is 61, 1-2a Le Messie .... p. 48
Pr 30, 4 Qui est monté aux cieux... .... p. 56
Jn 3, 8 Le souffle... .... p. 104
Jn 7, 37-39 Le dernier jour de la fête... .... p. 106
Ap 22, 17.20 Le Souffle et l'Épouse... .... p. 120

Eucharistie
Dt 8, 3 L'homme vivra... .... p. 46
Ap 3, 20 Voici je me tiens à la porte... .... p. 118

Foi
Mt 7, 24-27 Les deux maisons .... p. 68
Jn 20, 30-31 Les signes .... p. 116

Guérison
Is 61, 1-2a Le Messie .... p. 48
Lc 5, 12-14 Le lépreux .... p. 85

Homme
Gn 2, 7 Le terreux .... p. 41
Dt 8, 3 L'homme vivra... .... p. 46
Mi 6, 8 On t'a fait savoir... .... p. 54

Humilité
Gn 2,7 Le terreux .... p. 41
Mi 6, 8 On t'a fait savoir... .... p. 54
Os 6, 6 C'est la miséricorde... .... p. 52
Mt 2, 9b-11 L'adoration des mages .... p. 60

Jésus-Christ/Messie
Is 61, 1-2a Le Messie .... p. 48
Jn 8, 12 Jésus, lumière du monde .... p. 108

Joie
Mt 13, 44-46 Le trésor et la perle .... p. 71
Lc 15, 4-10 La brebis et la drachme .... p. 101

Liberté
Is 61, 1-2a Le Messie .... p. 48
Mt 13, 44-46 Le trésor et la perle .... p. 71

Lumière/Ténèbres
Gn 1, 1-5 Le commencement .... p. 38
Mt 5, 13-16 Le sel et la lumière .... p. 62
Jn 8, 12 Jésus, lumière du monde .... p. 108

Miséricorde
Os 6, 6 C'est la miséricorde... .... p. 52
Lc 15, 4-10 La brebis et la drachme .... p. 101

Mission
Is 61, 1-2a Le Messie .... p. 48
Mc 3, 13-15 L'appel des Douze .... p. 80

Mystère pascal
Mt 20, 18-19 Annonce de la Pâque de Jésus .... p. 74
Jn 7, 37-38 Le dernier jour de la fête... .... p. 106
Jn 12, 24 Le grain de blé... .... p. 110

Noël
Mt 1, 23 L'Emmanuel .... p. 58

Mt 2, 9b-11 L'adoration des mages . . . . p. 60

Offrande/Sacrifice
Os 6, 6 C'est la miséricorde... . . . . p. 52
Mt 2, 9b-11 L'adoration des mages . . . . p. 60
Mc 12, 41-44 L'obole de la veuve . . . . p. 82

Pain
Dt 8, 3 L'homme vivra... . . . . p. 46
Ap 3, 20 Voici je me tiens à la porte... . . . . p. 118

Pâques
Gn 1, 1-5 Le commencement . . . . p. 38
Mt 20, 18-19 Annonce de la Pâque de Jésus . . . . p. 74
Jn 12, 24 Le grain de blé... . . . . p. 110

Pardon/Réconciliation
Os 6, 6 C'est la miséricorde... . . . . p. 52
Mi 6, 8 On t'a fait savoir... . . . . p. 54
Mt 6, 9-13 Notre Père . . . . p. 65
Mt 21, 28-31 Les deux fils . . . . p. 77
Lc 5, 12-14 Le lépreux . . . . p. 85
Lc 6, 27-28 Aimez vos ennemis... . . . . p. 88
Lc 15, 4-10 La brebis et la drachme . . . . p. 101
Jn 12, 24 Le grain de blé... . . . . p. 110

Parole
Gn 1, 1-5 Le commencement . . . . p. 38
Dt 8, 3 L'homme vivra... . . . . p. 46
Jr 23, 29 Ma parole . . . . p. 50
Mt 7, 24-27 Les deux maisons . . . . p. 68
Mc 3, 13-15 L'appel des Douze . . . . p. 80
Lc 8, 19-21 La famille de Jésus . . . . p. 90
Jn 14, 23 Si quelqu'un m'aime... . . . . p. 114
Ap 3, 20 Voici je me tiens à la porte... . . . . p. 118

Pauvreté
Is 61, 1-2a Le Messie . . . . p. 48
Mc 12, 41-44 L'obole de la veuve . . . . p. 82

Père
Pr 30, 4 Qui est monté aux cieux... . . . . p. 56
Mt 6, 9-13 Notre Père . . . . p. 65

Mt 21, 28-31 Les deux fils .... p. 77
Lc 11, 9-13 Demandez... .... p. 96
Jn 14, 23 Si quelqu'un m'aime... .... p. 114

Peuple/Nation
Gn 12, 1-4 L'appel d'Abram .... p. 43

Prière/Adoration
Mt 2, 9b-11 L'adoration des mages .... p. 60
Mt 6, 9-13 Notre Père .... p. 65
Lc 6, 27-28 Aimez vos ennemis... .... p. 88
Lc 11, 9-13 Demandez... .... p. 96

Prochain
Mi 6, 8 On t'a fait savoir... .... p. 54
Lc 6, 27-28 Aimez vos ennemis... .... p. 88
Lc 10, 25-28 Le légiste .... p. 93
Jn 13, 34-35 Le commandement nouveau .... p. 112

Royaume
Mt 6, 9-13 Notre Père .... p. 65
Mt 13, 44-46 Le trésor et la perle .... p. 71
Lc 13, 20-21 Le levain .... p. 99

Salut
Is 61, 1-2a Le Messie .... p. 48

Signe
Jn 20, 30-31 Les signes .... p. 116

Témoignage
Mt 5, 13-16 Le sel et la lumière .... p. 62
Lc 5, 12-14 Le lépreux .... p. 85
Jn 13, 34-35 Le commandement nouveau .... p. 112
Ap 22, 17.20 Le Souffle et l'Épouse... .... p. 120

Terre
Gn 1, 1-5 Le commencement .... p. 38
Gn 2, 7 Le terreux .... p. 41
Gn 12, 1-4 L'appel d'Abram .... p. 43
Pr 30, 4 Qui est monté aux cieux... .... p. 56
Mt 5, 13-16 Le sel et la lumière .... p. 62
Jn 12, 24 Le grain de blé... .... p. 110

Travail
Mt 21, 28-31 Les deux fils . . . . p. 77
Mt 13, 44-46 Le trésor et la perle . . . . p. 71
Lc 13, 20-21 Le levain . . . . p. 99

Vie
Gn 1, 1-5 Le commencement . . . . p. 38
Gn 2, 7 Le terreux . . . . p. 41
Dt 8, 3 L'homme vivra... . . . . p. 46
Lc 10, 25-28 Le légiste . . . . p. 93
Jn 3, 8 Le souffle... . . . . p. 104
Jn 7, 37-39 Le dernier jour de la fête... . . . . p. 106
Jn 8, 12 Jésus, lumière du monde . . . . p. 108
Jn 20, 30-31 Les signes . . . . p. 116
Ap 22, 17.20 Le Souffle et l'Épouse... . . . . p. 120

Volonté
Mt 21, 28-31 Les deux fils . . . . p. 77

Annexe 5

Récitatifs pour les dimanches et fêtes

Année A

Avent :

4e dimanche	Mt 1, 23	L'Emmanuel	p. 58

Carême :

1er dimanche	Gn 2, 7	Le terreux	p. 41
2e dimanche	Gn 12, 1-4	L'appel d'Abram	p. 43

Temps pascal :

2e dimanche	Jn 20, 30-31	Les signes	p. 116
Fête du Corps et duSang du Christ	Dt 8, 3	L'homme vivra...	p. 46

Temps ordinaire :

5e dimanche	Mt 5, 13-16	Le sel et la lumière	p. 62
9e dimanche	Mt 7, 24-27	Les deux maisons	p. 68
10e dimanche	Os 6, 6	C'est la miséricorde...	p. 52
17e dimanche	Mt 13, 44-46	Le trésor et la perle	p. 71
26e dimanche	Mt 21, 28-31	Les deux fils	p. 77

Année B

Carême :

5e dimanche	Jn 12, 24	Le grain de blé...	p. 110

Temps pascal :

2e dimanche	Jn 20, 30-31	Les signes	p. 116

Temps ordinaire :

32e dimanche	Mc 12, 41-44	L'obole de la veuve	p. 82

Année C

Temps pascal :

3e dimanche	Jn 20, 30-31	Les signes	p. 116
5e dimanche	Jn 13, 34-35	Le commandement nouveau	p. 112
6e dimanche	Jn 14, 23	Si quelqu'un m'aime...	p. 114
7e dimanche	Ap 22, 17.20	Le Souffle et l'Épouse...	p. 120
Pentecôte	Jn 14, 23	Si quelqu'un m'aime...	p. 114

Temps ordinaire :

7e dimanche	Lc 6, 27-28	Aimez vos ennemis...	p. 88
15e dimanche	Lc 10, 25-28	Le légiste	p. 93
17e dimanche	Lc 11, 9-13	Demandez...	p. 96
24e dimanche	Lc 15, 4-10	La brebis et la drachme	p. 101

Fêtes et solennités communes aux trois années

Épiphanie	Mt 2, 9b-11	L'adoration des mages	p. 60
Cendres	Mt 6, 9-13	Notre Père	p. 65
Jeudi saint, Messe chrismale	Is 61, 1-2a	Le Messie	p. 48
Veillée pascale	Gn 1, 1-5	Le commencement	p. 38
Veille de Pentecôte	Jn 7, 37-39	Le dernier jour de la fête...	p. 106

Calendrier liturgique

Gn 1, 1-5	Le commencement	Veillée pascale	p. 38
Gn 2, 7	Le terreux	1e dimanche carême année A	p. 41
Gn 12, 1-4	L'appel d'Abram	2e dimanche carême année A	p. 43
Dt 8, 3	L'homme vivra...	Fête du Corps et du Sang du Christ année A	p. 46
Is 61, 1-2a	Le Messie	Jeudi saint - Messe chrismale	p. 48
Os 6, 6	C'est la miséricorde...	10e dimanche temps ordinaire année A	p. 52

Mt 1, 23	L'Emmanuel	4e dimanche de l'avent année A	p. 58
Mt 2, 9b-11	L'adoration des mages	Épiphanie	p. 60
Mt 5, 13-16	Le sel et la lumière	5e dimanche temps ordinaire année A	p. 62
Mt 6, 9-13	Notre Père	Messe des cendres	p. 65
Mt 7, 24-27	Les deux maisons	9e dimanche temps ordinaire année A	p. 68
Mt 13, 44-46	Le trésor et la perle	17e dimanche temps ordinaire année A	p. 71

Mt 21, 28-31	Les deux fils	26e dimanche temps ordinaire année A	p. 77
Mc 12, 41-44	L'obole de la veuve	32e dimanche temps ordinaire année B	p. 82
Lc 6, 27-28	Aimez vos ennemis...	7e dimanche temps ordinaire année C	p. 88
Lc 10, 25-28	Le légiste	15e dimanche temps ordinaire année C	p. 93
Lc 11, 9-13	Demandez...	17e dimanche temps ordinaire année C	p. 96
Lc 15, 4-10	La brebis et la drachme	24e dimanche temps ordinaire année C	p. 101
Jn 7, 37-39	Le dernier jour de la fête...	Veille de Pentecôte	p. 106
Jn 12, 24	Le grain de blé...	5e dimanche carême année B	p. 110
Jn 13, 34-35	Le commandement nouveau	5e dimanche temps pascal année C	p. 112
Jn 14, 23	Si quelqu'un m'aime...	6e dimanche temps pascal année C, Pentecôte année C	p. 114
Jn 20, 30-31	Les signes	2e dimanche temps pascal année B,	p. 116
		3e dimanche temps pascal année C,	p. 116
		2e dimanche temps pascal année A	p. 116
Ap 22, 17.20	Le Souffle et l'Épouse...	7e dimanche temps pascal année C	p. 120

Table des matières

Préface 9
Avant-propos 13
Introduction 15

Chapitre 1
Les récitatifs bibliques, une autre approche de la Parole de Dieu 19
Le récitatif, un texte traduit 20
La répétition au service de la mémoire 20
La formule, un élément de la phrase 22
Le récitatif, un texte rythmé 24
Le récitatif, un texte mélodié 25
Le récitatif, un texte gestué 27

Chapitre 2
La pratique des récitatifs bibliques 31
Une transmission de personne à personne 31
Une transmission dans une communauté 32
L'apprentissage 33
Comment utiliser les trente-cinq récitatifs ? 34

Chapitre 3
Les trente-cinq récitatifs 37
Le commencement (Genèse 1, 1-5) 38
Le terreux (Genèse 2, 7) 41
L'appel d'Abram (Genèse 12, 1-4) 43
L'homme vivra... (Deutéronome 8, 3) 46
Le Messie (Isaïe 61, 1-2a) 48
Ma parole (Jérémie 23, 29) 50
C'est la miséricorde... (Osée 6, 6) 52
On t'a fait savoir... (Michée 6, 8) 54
Qui est monté aux cieux... (Proverbes 30, 4) 56
L'Emmanuel (Matthieu 1, 23) 58
L'adoration des mages (Matthieu 2, 9b-11) 60
Le sel et la lumière (Matthieu 5, 13-16) 62
Notre Père (Matthieu 6, 9-13) 65

Les deux maisons (Matthieu 7, 24-27) 68
Le trésor et la perle (Matthieu 13, 44-46) 71
Annonce de la Pâque de Jésus (Matthieu 20, 18-19) 74
Les deux fils (Matthieu 21, 28-31) 77
L'appel des Douze (Marc 3, 13-15) 80
L'obole de la veuve (Marc 12, 41-44) 82
Le lépreux (Luc 5, 12-14) 85
Aimez vos ennemis... (Luc 6, 27-28) 88
La famille de Jésus (Luc 8, 19-21) 90
Le légiste (Luc 10, 25-28) 93
Demandez... (Luc 11, 9-13) 96
Le levain (Luc 13, 20-21) 99
La brebis et la drachme (Luc 15, 4-10) 101
Le souffle... (Jean 3, 8) 104
Le dernier jour de la fête... (Jean 7, 37-39) 106
Jésus, lumière du monde (Jean 8, 12) 108
Le grain de blé... (Jean 12, 24) 110
Le commandement nouveau (Jean 13, 34-35) 112
Si quelqu'un m'aime... (Jean 14, 23) 114
Les signes (Jean 20, 30-31) 116
Voici je me tiens à la porte... (Apocalypse 3, 20) 118
Le Souffle et l'Épouse (Apocalypse 22, 17.20) 120

Chapitre 4
Les fondements bibliques de la transmission orale et gestuée 123
Dans la Première Alliance et la tradition juive 123
Le lien entre matière, corps et esprit 123
Les Écritures 125
Les deux Torah et les commentaires 126
Dans la Nouvelle Alliance et la tradition chrétienne 127
La continuité 128
La rupture 129
L'élaboration des Évangiles et la Tradition de l'Église 130

Chapitre 5
Les fondements anthropologiques de la transmission orale et gestuée 133
L'être humain, un être « mimeur » 133
Le bilatéralisme de l'être humain 136
Le formulisme 138

Ouverture 139

Annexes 141
L'association « Parole et geste » 142
Les autres réseaux de mémorisation 143
Bibliographie 144
Index thématique 145
Récitatifs pour les dimanches et fêtes 152

Achevé d'imprimer sur les presses
de la Nouvelle Imprimerie Laballery
58500 Clamecy
N° d'éditeur : 6253
N° fab : 6070
N° imprimeur : 910144
Dépôt légal : novembre 2009

Quand la Parole prend corps

Réalisateur : Jean Depierre
Image et montage : Florence Pradalier et Mathieu Barasz
Production exécutive : Dproduction
www.d-production.fr
Production : Parole et Geste
http://www.parole-et-geste.org

Menu :

- Reportage « Quand la Parole prend corps »
- Les 35 récitatifs
- Quelques gestes clés